U0089585

古代歷史文化研究輯刊

二一編

王明蓀 主編

第29冊

「東亞通」薩道義與庚子和談（下）

邊文鋒 著

國家圖書館出版品預行編目資料

「東亞通」薩道義與庚子和談（下）／邊文鋒 著 — 初版 — 新北市：花木蘭文化事業有限公司，2019〔民 108〕

目 4+190 面；19×26 公分

（古代歷史文化研究輯刊 二一編；第 29 冊）

ISBN 978-986-485-747-0（精裝）

1. 辛丑條約 2. 中英關係

618　　108001546

ISBN-978-986-485-747-0

古代歷史文化研究輯刊

二一編　第二九冊　　ISBN：978-986-485-747-0

「東亞通」薩道義與庚子和談（下）

作　　者　邊文鋒

主　　編　王明蓀

總 編 輯　杜潔祥

副總編輯　楊嘉樂

編　　輯　許郁翎、王筑　美術編輯　陳逸婷

出　　版　花木蘭文化事業有限公司

發 行 人　高小娟

聯絡地址　235 新北市中和區中安街七二號十三樓

　　　　　電話：02-2923-1455／傳真：02-2923-1452

網　　址　http://www.huamulan.tw 信箱 hml 810518@gmail.com

印　　刷　普羅文化出版廣告事業

初　　版　2019 年 3 月

全書字數　393546 字

定　　價　二一編 49 冊（精裝）台幣 122,000 元

「東亞通」薩道義與庚子和談（下）

邊文鋒 著

目次

第六章　薩道義與中俄滿洲問題談判

一般來說，提到 1900～1901 年間的庚子和談，讀者很容易聯想到八國聯軍侵華戰爭及中外談判簽署《辛丑條約》。但實際上，當年列強侵華有兩股勢力和兩大戰場。其中，八國聯軍（英國、法國、德國、沙俄、日本、美國、奧匈帝國、意大利）聯合侵略中國華北各地，這是主要勢力和主要戰場；而沙俄軍隊除了參與八國聯軍侵華外，還單獨侵略中國滿洲，這是次要勢力和次要戰爭。在戰事漸趨穩定、清軍節節敗退時，中外雙方開始著手善後談判事宜。與中外戰事相對應的是，中外談判也有兩個談判場所：一是在北京，以慶親王奕劻和李鴻章爲首的中國特命全權大臣同十一國代表（除上述出兵八國的公使外，還有比利時、荷蘭與西班牙等三國公使）就華北問題進行談判，最後簽訂《辛丑條約》；二是在滿洲、北京和聖彼得堡，以滿洲地方官員與沙俄軍方之間、慶親王奕劻和李鴻章等人與沙俄外交官之間、中國駐俄公使楊儒和俄國政要之間就滿洲問題所進行的秘密交涉。

由於列強內部矛盾重重，兩大軍事戰場和兩大談判場所之間互相影響，犬牙交錯，「你中有我，我中有你」。中外談判過程極其複雜，深刻地揭示了第一次世界大戰之前以歐洲強國爲主的兩大帝國主義集團之間分化組合、勾心鬥角的歷史內幕。

出於外交家的職業敏感，爲了維護英國的國家利益，英國駐華公使薩道義始終高度關注沙俄在全球的擴張行爲。英俄之間的激烈競爭從歐洲大陸延續到中東和中亞，再到遠東地區（今東北亞地區），作爲前任英國駐日公使，薩道義尤其關注沙俄對中國滿洲和朝鮮半島的滲透。由於英國國力日衰，「日不落帝國」輝煌不再，單獨對抗沙俄有些力不從心。因此，英國積極尋找盟友，在遠東找到日本作爲其盟友。基於共同利益，爲了對抗共同的戰略對手（沙俄），英日越走越近，並於 1902 年締結英日同盟。而 1900～1901 年間，英日兩國在庚子和談時頻繁溝通和協調立場，互相合作，共同抵制沙俄對華的不良企圖，這一系列事件都有力促進了隨後英日同盟的締結。正是基於 1894～1895 年中日甲午戰爭和 1899～1901 年中國內亂等重大歷史事件中的密切合作，英日兩國最後才於 1902 年締結英日同盟。也正是由於英日同盟的存在，日本才敢於在 1904 年初放手發動日俄戰爭，並最終戰勝外強中乾的沙俄。在甲午戰爭中戰勝中國，使日本一躍而成爲亞洲強國；而在日俄戰爭中戰勝俄國，日本更進而成爲世界強國。這進一步刺激了日本軍國主義的侵略野心，最後將矛頭對準了當時世界上最強大的國家——美國。在一系列「賭國運」〔註1〕的歷史轉折關頭，日本軍國主義雖賭贏了前兩場戰爭（中日甲午戰爭和日俄戰爭），卻輸掉了最爲關鍵的第三場（日美戰爭〔註2〕）。而這次日本輸得很慘很徹底，至今仍「深受其害」。20 世紀末至 21 世紀初的世界和東北亞地區局勢看似風雲變幻莫測，但其實都能從歷史深處找到原因和答案。

沙俄一直以來都積極推行領土擴張政策，在短短四五百年間，便從一個歐洲小國擴張至世界第一領土大國。爲此，沙俄在歐洲同英國競爭，在近東同奧斯曼帝國競爭，在中亞和英國競爭，在東亞則同英國和日本競爭。作爲號稱「日不落帝國」的世界第一大殖民帝國，英國在 19 世紀末 20 世紀初雖極力想維護其國家利益和昔日榮光，但已力不從心，實力大不如前。爲了對抗咄咄逼人的俄國「北極熊」，精明的英國人急需尋找盟友。在仔細比較東亞各國綜合實力後，英國「明智地」選擇了東亞地區經歷「明治維新」後迅速崛起的日本作爲其同盟軍，而沒有選擇作爲「老大帝國」的中國。英國早年曾參與過列強對日本的野蠻侵略和壓迫，強迫日本簽訂過許多不平等條約，攫取了大量非法利益。自 1868 年明治維新後，日本積極尋求同列強進行修約談判，但一直未獲得實質性進展。直到在 1894～1895 年甲午戰爭中日本戰勝中國，西方列強從中明顯感受到日本的國家實力和戰略野心，也讓日本的對外修約談判取得重大進展，西方列強很快就同日本完成了修約談判。至此，日本取得同西方列強完全平起平坐的資格，對亞洲鄰國（主要是中國和朝鮮）則更加蔑視，加緊了對外侵略的步伐。

〔註 1〕這是日俄戰爭時期日本聯合艦隊司令東鄉平八郎之語。
〔註 2〕又稱爲「太平洋戰爭」，筆者注。

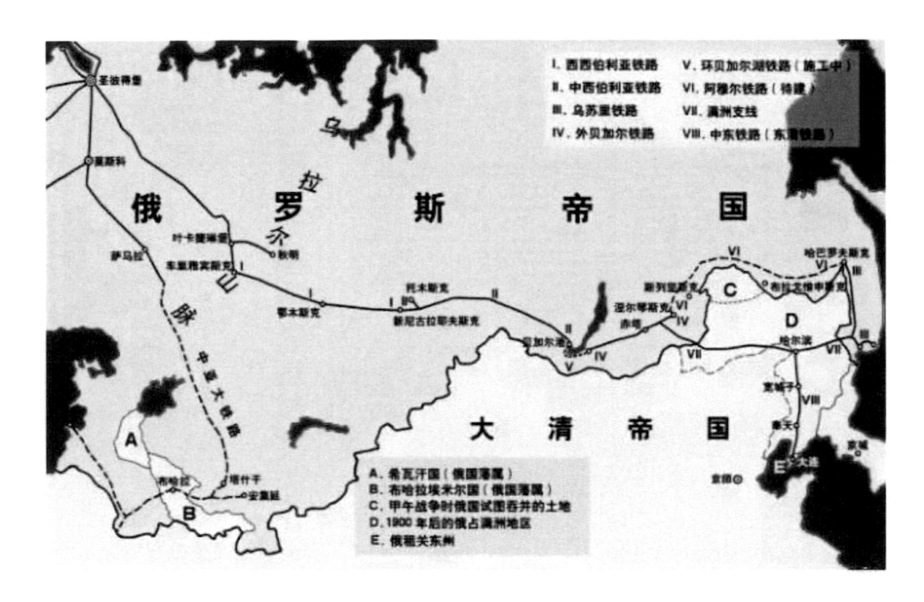

作爲面積狹小、資源貧乏的島國，日本要想對外擴張，首選目標就是朝鮮半島和中國滿蒙地區〔註 3〕，而這必然同沙俄的擴張目標想衝突，雙方矛盾由此產生。由於在甲午戰爭中戰勝中國，日本攫取了大量非法利益，但到嘴的「肥肉」未能咽下去，硬生生地被別人奪走，這讓具有「武士道」精神的大和民族備感委屈和惱火。日本最初還強迫中國同意割讓遼東半島，但以俄國爲首的俄法德三國聯合向日本政府提出最後通牒，迫使日本放棄割占遼東半島。作爲「補償」，清政府額外付給日本三千萬兩白銀的所謂「贖遼費」。此事讓日本意識到自身實力尚不足以對抗歐洲三大強國，加緊「奮發圖強」。從此，日本朝野上下和普通民眾都恨透了沙俄，將其視爲日本下一步對外擴張過程中的首要競爭對手。當初，俄法德三國強迫日本棄占遼東半島，理由是日本此舉可能危害其他國家的在華利益，但讓日本朝野和國際社會頗感意外的是，在此事不久的 1898 年，沙俄竟然強迫中國政府租讓旅順港給自己，在日本看來，這簡直就是「只許州官放火，不許百姓點燈」！

由於在中日甲午戰爭中慘敗，清政府被迫承認朝鮮「獨立」，中國影響力從此退出朝鮮半島。作爲這場戰爭的勝利者，日本本來「理應」取代中國而成爲對朝鮮事務最有影響力的國家，但事與願違，沙俄強勢介入朝鮮事務，甚至一度壓制日本，成爲對朝鮮事務最有影響力的國家。面對沙俄的步步緊

〔註 3〕本書中「滿蒙地區」指的是中國滿洲和內蒙古地區及今蒙古國；書中「滿洲」指的是中國東北地區，包括黑龍江、吉林和遼寧等省，不涉及歧視和侮辱之意，筆者注。

逼，日本人恨得咬牙切齒，他們忘不了俄法德三國聯合干涉還遼的「屈辱」，也忘不了沙俄勢力將日本逼出朝鮮半島。

跨不過沙俄這座大山，日本充其量只能算是一個亞洲強國，離世界強國地位相距甚遠；而一旦跨過沙俄這座大山，日本就能在東北亞地區擴張，進而參與全球爭霸。

與此同時，沙俄也很明白：日本加緊向朝鮮半島和中國滿蒙地區擴張，必將與俄國的遠東戰略相衝突。爲了應對可能來自日本的競爭壓力，沙俄也在積極擴軍備戰。由於俄國地廣人稀，發展嚴重不均衡，其亞洲部分領土基礎設施極其落後。沙俄決定修建一條西伯利亞大鐵路，迫使中國同意該鐵路橫穿蒙古和中國滿洲後直達俄羅斯符拉迪沃斯托克（中文名：海參崴）。此鐵路一旦建成，當遠東出現戰事時，沙俄就可以通過鐵路迅速將軍隊和物資源源不斷地輸送至遠東。同時，因爲沙俄位於遠東地區領土上缺乏優良的不凍港，不利於沙俄海軍行動，所以沙俄一直尋求在東方擴張，並在太平洋沿岸謀得不凍港口，進而實現其所謂的「黃俄羅斯」計劃。

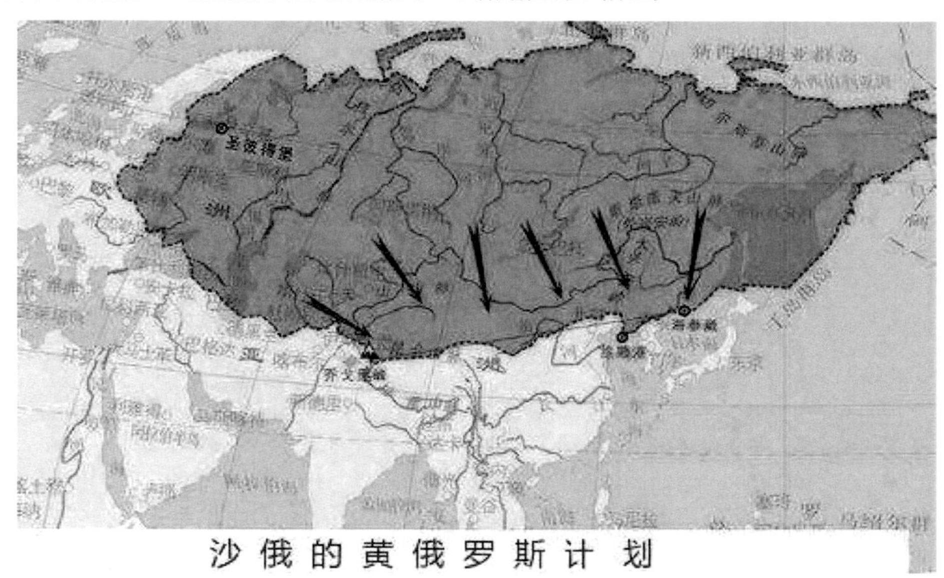

沙俄的黄俄罗斯计划

一旦西伯利亞大鐵路建成，日本相對於沙俄的戰略優勢（如地理位置臨近、戰爭動員和軍力投送能力強等）就將消失殆盡，屆時日本就更難贏得日俄之間的綜合較量。所以，俄國人期待在西伯利亞鐵路修好後能贏得對日本的戰略優勢，而日本人則想在西伯利亞鐵路修好之前盡力完成對俄國的致命一擊。

1899～1900 年間，當中國北方各地爆發動亂，清朝政權瀕臨土崩瓦解，在華外國人的生命和財產受到嚴重威脅。在此關鍵時刻，列強通過協商後決定聯合出兵干涉，「平定中國內亂，保護列強在華利益」，於是就有八國聯軍侵華之事。而沙俄更是從中國內亂中看到千載難逢的擴張機會，除了參與八國聯軍侵略中國華北之外，此前就已派重兵入侵中國滿洲，大肆屠殺中國人民，掠奪財富，並美其名曰「幫助中國平定內亂，保護沙俄在滿蒙地區的特殊利益」。

在整個庚子和談中，除了全程參與有關《辛丑條約》的中外談判之外，薩道義最關注的就是沙俄對中國滿洲的佔領和中俄之間有關滿洲問題的秘密談判。可以說，中外有關《辛丑條約》的談判與中俄滿洲問題談判互為表裏，相互影響。以往中外學術研究基本上是將這兩個問題分開研究，沒能梳理清楚兩個談判之間詳細而複雜的互動關係。結合薩道義日記、信函和相關各國外交檔案，筆者試圖釐清這兩件大事之間的複雜關係。

早在英國駐日公使任內（1895～1900 年），薩道義就很關注英俄日等國之間的競爭與合作關係，時刻提防著沙俄對中亞和遠東的野心。雖然後來職務和任職場所有變，但薩道義關注的重點始終未變。在赴華任職前後，薩道義就曾積極與各方人士密切溝通，高度關注俄國在中國（尤其是滿洲）的戰略意圖。他很注意同其日本「同事」密切合作，共同防範俄國對中國滿洲和朝鮮半島的侵略野心。

在離開英國赴華任職途中，薩道義於 1900 年 9 月 3 日抵達加拿大渥太華。在同一趟列車上的還有奧匈帝國駐華公使齊幹、新任代辦 V.Forster 和華俄道勝銀行董事長烏赫唐斯基（Oukhtomsky）公爵。烏赫唐斯基公爵也很關注中國問題，他認為中國當時的亂局都要歸咎於 1897 年德國佔領膠州灣。〔註 4〕雖然薩道義在日記中記載了他和烏赫唐斯基公爵的交談，但恐怕他很難知道後者此行還肩負一項重要的特殊使命，而這一使命直接與英國政府相關。據前蘇聯歷史學家鮑・亞・羅曼諾夫考證，沙俄財長維特與外長拉姆斯多夫在滿洲問題上曾寄希望於賄賂李鴻章，但不能立即奏效。俄國外交當局還派遣華俄道勝銀行董事長烏赫唐斯基公爵親赴中國與之談判，並進行相應的財政活動。烏赫唐斯基若要辦好這次交涉，估計需要數月時間。〔註 5〕

〔註 4〕*The Diaries of Sir Ernest Satow, British Envoy in Peking (1900～1906)*, p.22.

〔註 5〕（蘇）鮑・亞・羅曼諾夫著，上海人民出版社編譯室俄文組譯：《日俄戰爭外

（中東鐵路路線圖）

在參加八國聯軍侵略中國華北的同時，沙俄還藉口中國滿洲民眾暴動損害俄國的利益，派重兵侵佔滿洲，不到兩個月，東三省先後淪陷。黑龍江於1900年8月30日（光緒二十六年八月初六日）首先淪陷，黑龍江將軍壽山於初三日服毒自殺。〔註6〕俄軍侵略吉林，首先於7月30日（七月初五日）攻佔琿春，接著佔領寧古塔、三姓等地。吉林將軍長順自思不能抵抗，表面上與俄軍停戰議和，實際上束手投降。俄軍所至，迎以白旗，擄財繳械，至9月22日（八月二十九日），排闥而入省垣（長春）。〔註7〕黑吉失陷後，俄軍乘勝進攻奉天省。至10月1日（閏八月初八日），俄軍入瀋陽。〔註8〕盛京將

交史綱（1895～1907）》（上），上海人民出版社，1976年4月第1版，第175～176頁。

〔註6〕王芸生：《六十年來中國與日本》（第四卷），（上海）生活・讀書・新知三聯書局，2005年版，第43頁。

〔註7〕王芸生：《六十年來中國與日本》（第四卷），第44頁。

〔註8〕王芸生：《六十年來中國與日本》（第四卷），第48頁。

（增祺）

軍增祺〔註 9〕於 10 月 18 日（閏八月二十五日）奏報遼瀋失守之經過。增祺是本章的一個重要人物，因爲其所作所爲給中國的國家利益造成了巨大損失，他本人幾乎受到清廷的嚴厲處分，只因俄國對華強硬施壓，才被免於撤職。

還有必要介紹一下俄國政府內部在出兵中國滿洲問題上的分歧。1900 年 5 月，當時中國北京局勢危急，北京至天津間鐵路交通已經斷絕，而天津是各國軍隊易於登陸之地。各國公使都紛紛向本國政府請求「採取措施解救被圍的使館區」，時任英國駐華公使竇納樂甚至「秘密請求」俄國從旅順口的 1.2 萬名俄軍駐防軍中速派陸戰隊前來解圍。〔註 10〕俄國時任外長穆拉維約夫起初奏請沙皇批准派 4000 名俄軍赴天津，但後來隨著中國局勢變化，6 月 4 日，穆拉維約夫從「深信俄國在東方的任務根本不同於歐洲各國的政策」出發，勸沙皇採取下列決定：1、「俄國決不謀取聯軍指揮權」；2、「不破壞同其他歐洲軍隊的共同行動」，四千名俄軍的任務僅限於「保護使館安全及俄國臣民的生命財產」以及「支持合法當局同革命作鬥爭」，但俄軍既參加聯軍，「聯軍就不得採取任何未經我方同意的政治措施。」〔註 11〕

整體來看，俄國在這次對北京的軍事行動中處於**普通參加者和得以洞察一切的監視者地位**的這一方式，在穆拉維約夫 1900 年 6 月 8 日去世後由後任拉姆斯多夫伯爵完全繼承下來。〔註 12〕俄國外交部使俄國在外交上嚴格地同其他帝國主義者劃清界限，斷然拒絕了德英法等國政府的建議，即：訂立一個關於採取共同行動來結束「中國的麻煩事件」的正式協定。〔註 13〕

〔註 9〕增祺（1851～1919），字瑞堂，伊拉里氏，滿洲鑲白旗人。清代將領，地方官員。曾任齊齊哈爾副都統。光緒二十三年（1897 年）擢福州將軍，充船政大臣，兼署閩浙總督。任盛京將軍、寧夏將軍、廣州將軍（後兼署兩廣總督）。宣統元年（1909 年）遷廣州將軍。奉旨接替袁樹勳署理兩廣總督。宣統三年（1911），爲奕劻皇族內閣弼德院顧問，旋去職。越八年，卒，謚簡慤。

〔註 10〕《日俄戰爭外交史綱（1895～1907）》（上），第 174 頁。

〔註 11〕《日俄戰爭外交史綱（1895～1907）》（上），第 174～175 頁。

〔註 12〕《日俄戰爭外交史綱（1895～1907）》（上），第 175 頁。

〔註 13〕《日俄戰爭外交史綱（1895～1907）》（上），第 175 頁。

當義和團運動在 6 月中旬波及滿洲，俄國在當地鐵路幾乎被破壞殆盡，俄國財長維特在 6 月 26 日要求派兵到整個鐵路區，動員了 15 萬大軍，到 1900 年秋，實際上佔領了整個滿洲。但俄國沙皇尼古拉二世和軍方首領庫羅帕特金卻背著拉姆斯多夫和維特，於 8 月 1 日密令在天津的俄軍攻進北京，以免落後於正向北京推進的美英日三國軍隊。〔註 14〕但軍事封建政府對中國本土的冒險意圖很快就在維特和拉姆斯多夫的壓力下被制止。同時也是在他們的壓力下於 8 月 12 日通過並正式宣佈兩項決定：1、「一俟滿洲秩序恢復」，俄軍立即退出滿洲；2、俄軍和俄國使館立即撤離北京，「一俟中國合法政府重新掌權」，立即與之談判。〔註 15〕

（義和團拆毀的中東鐵路）

前蘇聯史學家就此事評論到：宣佈放棄佔領滿洲並許諾撤出滿洲俄軍，這無疑是維特政策的勝利，同時也是庫羅帕特金的失敗，當然目前還只是原則上的失敗。此後，尤其是從北滿撤兵這一點上，庫洛帕特金始終不願表示同意，直到最後還主張，首先爲了戰略上的理由應把北滿合併於俄國。〔註 16〕同時，因爲拉姆斯多夫是由維特推薦擔任俄國外長職務的，拉氏及其領導下的俄國外交部都一直聽命於維特，所以，俄國內政外交大權都掌握在維特手上。〔註 17〕這也印證了著名「親俄派」李鴻章對俄國局勢的判斷，他認爲「俄户部維特主持國是，外部聽命，所言如此殊難就範」。〔註 18〕

〔註 14〕《日俄戰爭外交史綱（1895～1907）》（上），第 176 頁。
〔註 15〕《日俄戰爭外交史綱（1895～1907）》（上），第 176 頁。
〔註 16〕《日俄戰爭外交史綱（1895～1907）》（上），第 177 頁。
〔註 17〕《日俄戰爭外交史綱（1895～1907）》（上），第 175、177 頁。
〔註 18〕《慶親王奕劻大學士李鴻章來電》光緒二十六年十二月初八日（1 月 27 日）到，電報檔，詳見：《清光緒朝中日交涉史料》卷六十，頁三。

北京庚子和談與中俄滿洲談判之間的關係錯綜複雜，自始至終緊密交織在一起，互相深刻影響。從中既可以看到列強在華不同的利益訴求，也深刻反映了中國政府的羸弱與無奈。綜觀整個《辛丑條約》談判期間的中俄滿洲問題交涉，可以發現主要集中在 1900 年 11 月至 1901 年 4 月之間，大致可分四部分：中俄交涉《增阿暫約》、交涉俄財長維特口述十三條款、交涉俄外長拉姆斯多夫擬定十二款和拒簽俄國最後約稿。尤其是在拉氏擬定十二條款後，中俄之間幾乎翻臉，俄方甚至向中方提出最後通牒。最後在各國大力施壓和地方督撫們極力「勸阻」下，清廷命全權大臣慶親王奕劻和李鴻章拒簽俄約，中國外交面臨巨大壓力，中俄滿洲問題談判至此暫告一段落，但爲後來日俄戰爭爆發埋下巨大隱患。

第一節　交涉增阿暫約

（一）事件緣起

時間追溯至 1900 年的秋天，那是一個兵荒馬亂的年代。

1900 年 10 月 11 日（光緒二十六年閏八月十八日），盛京將軍增祺照會俄國駐滿洲部隊司令阿列克賽耶夫，派全權委員道臺周冕等前往面商事件。最終，**雙方於 11 月 18 日（九月二十七日）議定《暫且章程九條》**〔註 19〕，內容如下：

第一條　增將軍回任後應保衛地方安靜，務使興修鐵路毫無攔阻損壞。

第二條　奉天省城等處現留俄軍駐防，一爲保護鐵路，二爲安堵地方。將軍及地方官等應與俄官以禮相待，並隨時盡力幫同。譬如住宿處所及採買糧料等事。

第三條　奉省軍隊聯絡叛逆拆毀鐵路，應由奉天將軍將所有軍隊一律撤散，收繳軍械，如不抗繳，前罪免究。至俄隊未得之軍器庫所存各軍裝槍炮，統行轉交俄武官經理。（**亮按：此時黑龍江軍械已爲俄搜索殆盡，吉林槍炮爲俄運走，子彈悉拋松江。奉天除陣失外，軍械尚多，故以此爲要挾。**〔註 20〕）

〔註 19〕《清季外交史料》卷一四四，頁一六。

〔註 20〕文中括號內加粗部分是《清季中外交涉史料》編輯者王彥威、王亮父子所標

第四條 奉天各處俄軍未經駐紮炮臺營壘，由華員偕俄官前往當面一併拆毀，若俄員不用火藥庫，亦照前法辦理。（**亮按：奉天省只旅大有炮臺，已爲俄租界營口炮臺中東之戰，已爲日本所毀。重要炮臺損失殆盡，又三省火藥庫其時已爲俄占。**）

第五條 營口等處俄官暫爲經理，俟俄廷查得奉省確實太平，再許調換華員。

第六條 奉天通省城鎮應聽將軍設立巡捕馬步各隊，保護商民，其餘屯墾堡亦一律照辦，統歸將軍主政，人數多寡、攜帶槍械，另行酌定。

第七條 瀋陽應設俄總管一員，以便辦理奉天將軍、遼東總理大臣往來交涉事件，凡將軍所辦要件，該總管應當明晰。

第八條 將來將軍設立奉天各處巡捕馬步各隊，倘遇地方有事不足於用，無論水陸邊界腹地，可由將軍就近知會俄總管，轉請俄帶兵官盡力幫同辦理。

第九條 前八條遇有評論，以俄文爲準。〔註21〕

1900年11月30日（十月初九日），盛京將軍增祺照會俄督阿列克賽耶夫，請將暫且章程畫押鈐印，內稱：「……現議暫且章程九條。本軍督部堂查閱各條中雖尚有應行商酌之處，惟第三條撤兵繳械一事，尚須詳籌妥善辦法，庶可消患無形，又第五條營口等處俄官暫爲經理，俟俄廷查得奉省確實太平，許調換華員一節。查所稱營口等處並未指明均係某處，且海關道所收常洋兩稅，又歸直隸總督經管，且事關地方職官，本軍督部堂並無全權大臣字樣，亦未奉到此次和約條章，礙難擅主，須俟奏明本國大皇帝飭議再行畫押。……」〔註22〕

據此九條觀之，則東省名存實亡，不啻割讓與俄矣。增祺《暫且條約》傳出後，中外驚詫。清廷震怒，於12月29日（十一月初八日）降旨將增祺免職，「楊儒電，廢暫約，立正約，一切爲難情形亦所稔識。」〔註23〕但後來在俄國政府強烈反對下，清廷只好妥協，增祺得以免於處罰，留任原職，繼

注解釋的，有助於我們理解當時的時代背景。

〔註21〕《清季外交史料》卷一四四，頁一七。

〔註22〕《清季外交史料》卷一四四，頁一九。

〔註23〕轉引自：王芸生《六十年來中國與日本》（第四卷），第54頁。

續處理交收滿洲事宜。

俄方欲締結一項正式條約，請求清廷任命中國駐俄公使楊儒爲全權大臣，在俄談商滿洲事宜。1901年1月1日（十一月十一日），清廷降旨任命楊儒爲全權大臣，在聖彼得堡交涉接收滿洲事宜。「此事俄廷深敦睦誼，允許交還，一切辦法須臻妥協。著楊儒審時度勢，悉心籌畫，隨時電商奕劻、李鴻章，互相參酌。」〔註24〕

接奉清廷諭旨後，楊儒在俄京聖彼得堡與俄方展開了艱難且漫長的外交談判。主要是同俄國財長維特和外長拉姆斯多夫會晤，前後分別進行了十餘次談判。

1901年2月7日（光緒二十六年十二月十九日），慶親王奕劻和李鴻章接到增祺從旅順發來電報，內稱：「祺辦理不愼，咎無可辭。惟文電不通，爲難情形未能邃達，和議如何，前此亦未略悉周冕九條，如：第一條火車路未改；八、九條尚無關係；二條，俄留軍隊與鈞示不允全撤相同；三條，我軍隊既不得力，一律裁撤，亦與函示相符，三省庫儲之械，俄早收去，潰兵械已散失，留兵六千僅敷用，炮臺現無間壘可用；五條，已允將遼、海、蓋、熊各城歸還營口，亦允和議略定必交；六條，巡捕隊定六千人，比吉林多二千，與從前練軍相彷；七條，省城雖派來廓米薩爾及暫約俱允視北京和議爲斷，不符更改。是暫約已不爲一定之據，此補救大概情形，此番商訂尚無枝節……」，增祺在電報中頗有爲自己及周冕辯護之意，李鴻章隨即將該電報轉給楊儒，並向清廷彙報詳情。〔註25〕

中俄滿洲問題交涉的起點是增祺、阿列克賽耶夫所簽訂的《暫且章程九條》，這是中俄滿洲問題談判涉及的一個重要文件，圍繞它發生了很多事情，甚至在國際上掀起了一場軒然大波。幾經周折，該暫約最終被廢止。我們好奇，爲什麼在那個兵荒馬亂的年代，堂堂盛京將軍竟然派一名已被革職的道員前去同俄國人談判，這置國威、國格於何地？也許在那個年代，中國根本就談不上「國威、國格」，皇帝與皇太后倉皇西逃，首都北京被佔領，生靈塗炭，民不聊生。在滿洲問題上，增祺歷經磨難，備受折磨，一度被免職嚴加議處，後來得以留任，或許在其心中還頗有一番「委屈」呢。綜合來看，增祺有兩大罪狀：首先，未徵得清廷同意，就賦予已革道員「全權」，前去同俄

〔註24〕轉引自：王芸生《六十年來中國與日本》（第四卷），第55頁。
〔註25〕《慶親王奕劻大學士李鴻章來電》光緒二十六年十二月十九日（2月7日）到，電報檔，詳見：《清光緒朝中日交涉史料》卷六十，頁九。

國談判，擅訂《暫且章程九條》；其次，仍是未徵得清廷同意，增祺自行前往旅順，同俄方商談接收滿洲事宜。

在中俄滿洲問題談判暫時告一段落時，1901 年 6 月 10 日（光緒二十七年四月二十四日），增祺給清廷奏報此事原委，我們從中可以管窺當時的情形。

「查上年八月間，滿洲各城相繼失守，大局不支。……**斯時也，戰既無人，守亦乏術，勢窮力竭，萬難支持**。因念陵寢宮殿所在地，豈可致敵攻擊，重滋貽誤。……擬仿照吉江兩省辦法，照會俄將，以爲弭兵暫計，免其肆出分擾。……奴才左右，只有戈什數名，而敗兵土匪沿路搶劫，雖懸賞千金，無人肯往。**適在新立屯地方遇道員周冕，由黑龍江逃來，自以熟悉俄情，慨然請行，正與府尹玉恒會同箚委。間又有吉林逃來同知崇廉，曾充交涉局提調。謂吉林初次派員赴哈爾濱，因無全權字樣，彼即不與議事。後經加給全權始行定議等語。核與奉省前派委員忠駿等兩赴俄營，爲彼所屏，弗能議事之意相符，隨即加給全權委員字樣。**

……是原派意旨，不過助鐵路各事，以爲停戰議和之地即加給全權而已。

故在義州奏報遼陽失守摺內即將派員往議鐵路大略情形附陳及之，嗣因該員等多日未回，即恐其別生枝節，當**在新民廳兩次電致旅順俄提督**，謂恐因周冕於地方情形不熟，俟本將軍到省再議。詎該提督迄無覆電。……**周冕偕俄員渣成洛夫持來暫行章程九條。該員已同俄交涉委員先行畫押，接閱之餘，殊深駭異。及核所議，又與原旨不符。因面斥其擅專，而該員則謂身非欽命全權大臣，畫押原不足爲據**。飾詞自解，當以事關緊要，且和約條章應由全權王大臣訂議請旨遵行，非外間所敢攙越。此次雖係暫章，難免不爲日後引證。爰派專員函請全權大臣奕劻、李鴻章、榮祿。查核指示並與俄員再三論駁，而該提督數次覆電，總以暫且章程後能改換爲解，必須畫押方可進省，其種種爲難情形皆鍾靈、崇寬所目睹，惟再四籌思地方爲彼佔據，和議條款尚未奉到明文，既據一再聲稱係屬暫且章程後能改換，並非永遠定約可比。又未便一力拒絕，顯示決裂，況公法凡越其權之所可爲者，雖經立約亦不足執爲信據，則不如權宜進行，猶易挽回，且往返論駁北京和約當有定局，故一面畫押一面告以奴才並無全權大臣字樣，亦未接到此次約章事關職官，地方須俟請旨飭議等語，照會該提督去後，到省立即揀派同知涂景濤、通判李席珍馳赴旅順續議轉圜。該提督深以照會各情爲是，並未堅持爲一定不易之約，惟以留兵一萬五百名，非該提督一人所能主派。武廓米薩爾來省代達一切，據云我留兵若干，彼亦將留若干。迭經與議，先約以六千人爲率，並允將遼陽、海城、蓋平、熊嶽等處外地面稅課先行交管。是時已准全權大臣奕劻、李鴻章函知滿洲各城，俄廷已允交還，惟保路之兵不允全撤，令即遵旨先行接管，並速會商俄將，妥議接收，免致日久生變。楊儒亦電轉，前因並稱已向外務部商由俄總督統領，逕與諸帥接洽，立據畫押爲憑各等因。

遵即照會俄提督，詢其定於何日交收，先是該提督屢約赴旅順面議，俾速商定。奴才未敢率往。……**俾早接收以救數百萬生靈，且全權大臣亦有俄將妥議之示，萬不得已，於十二月初三日起程赴旅。奈自閏八月以來，奏摺均未奉到，批回電報又復不通，故到旅順後始由北京轉電，此暫約未經具奏，及親赴旅順之實在情形也。**到旅後即與該提督連次晤議歸還地方應辦之事，並以**現辦各條及前次暫且章程仍視北京和約爲斷，如有不符，即行更改各情照會該提**督。該提督亦以和局一定，均照和約章程續改照覆。」〔註26〕

由此看來，增祺之所以選派已革道員周冕前去和俄方談判，是因爲當時兵荒馬亂，不想滿清皇陵受損，故傚仿黑龍江和吉林兩省之做法，派人前去同俄方談判，但又因無人願去，也無人能去，當周冕自告奮勇前往時，增祺便答應了。同時，爲了便於談判，使俄方相信周冕，增祺擅自賦予周冕「全權」字樣。但在通信不便的情況下，周冕擅自和俄方簽訂《暫且章程九條》。此事被國際媒體報導後，清廷震怒，起初要將增祺免職並交部嚴加議處，但後來在俄方交涉下，增祺免於追責，留任原職。在此情況下，增祺前往旅順和俄軍司令再商議接收土地事項。

與此同時，正在北京舉行的中外談判中，俄國提議各國聯軍從北京撤軍。對於該提議，各國政府和媒體早已洞若觀火。據1900年9月20日《紐約時報》報導，美國國際問題專家稱：「在俄國關於撤軍問題的提議上，美國政府轉換立場的原因在於（美國駐華公使）康格先生等人已確認英國駐俄使館的

〔註26〕《清季外交史料》卷一四六，頁二六～三〇。

情報，即：俄國的主張隱藏了一個精心謀劃的吞併滿洲的企圖。」〔註 27〕後來諸多事實均證明：此事背後確有俄國吞併滿洲的野心。

1900 年 10 月 22 日，也就是薩道義剛到北京接替竇納樂擔任英國駐華公使，全程參與對華談判後不久，**日本駐華公使館武官柴五郎（即《泰晤士報》記者莫理循筆下大名鼎鼎的「柴中佐」，筆者注）**拜訪薩道義。薩道義告訴柴五郎說，日本人曾擔心德國會佔領山東，現在看來無需擔憂。因爲據中國海關總稅務司赫德的一封電報得知，英國《泰晤士報》報導說英德兩國政府已簽署協議，相互約定不得兼併（中國）土地。

柴五郎問薩道義，自己是否可將此事告訴慶親王奕劻？薩道義對此表示同意，但希望柴五郎不要透露其名字，只說這是據《泰晤士報》刊載的消息。薩道義還說，目前**英德**日美四國在滿洲問題上立場協調一致，不久**奧匈**和**意大利**也將加入。柴五郎認爲**法國人**討厭俄國，所以他們（法國）也可能加入。同時，柴五郎建議列強發動在滿洲的中國人起來反對俄國，現在俄國勢力在那裡還不太強大。薩道義對此表示強烈反對，他認爲要牢記在歐洲的局勢迫使德國要遷就俄國。〔註 28〕作爲日本武官，柴五郎對法俄關係判斷似乎不對，實際上，在《辛丑條約》談判及中俄滿洲問題談判中，法俄關係密切、互通消息。

11 月 3 日，日本人**柴四郎**〔註 29〕拜訪薩道義。此人是柴五郎的哥哥，據他透露：幾天前，俄國駐華公使格爾斯告訴慶親王奕劻〔註 30〕，既然滿洲局勢已經得到平定，那麼，俄國政府要求任命新的中國管理機構。〔註 31〕**薩道義和柴四郎還討論了中外談判時列強對華總體政策。柴五郎說自己很失望，因爲儘管日本總體上要求保證中國的領土完整，但英德兩國政府對日本還是有所期待的**。當然，日本也期待能與俄國分享在滿洲的利益，由俄國佔領一部分，而日本佔領另一部分。薩道義說，出於策略考慮，在瓜分中國時即使有秘而不宣的想法，英國也應保持緘默，僅堅定維持所要求的原則。〔註 32〕

〔註 27〕詳見：1900 年 9 月 20 日《紐約時報》。

〔註 28〕*The Diaries of Sir Ernest Satow,British Envoy in Peking (1900～1906),* p.35.

〔註 29〕薩道義在 10 月 31 日的日記中記載：柴（五郎）同其弟柴四郎（Shiba Shiro）來訪，筆者注。

〔註 30〕很明顯，自 10 月 22 日和薩道義見面後，柴五郎曾去拜訪過慶親王奕劻，討論過滿洲問題。柴五郎與柴四郎兄弟倆之間溝通過此事。筆者注。

〔註 31〕*The Diaries of Sir Ernest Satow,British Envoy in Peking (1900～1906),* p.44.同時參見：Korea and Manchuria between Russia and Japan, 1895～1904, p127.

〔註 32〕*The Diaries of Sir Ernest Satow,British Envoy in Peking (1900～1906),* p.44.

在薩道義日記中，列強侵華野心昭然若揭，在一定程度上反映了英國政府的對華政策。

11 月 10 日，在與奧匈公使齊幹討論俄國從滿洲撤軍問題時，薩道義認為中國人對此很猶豫，因為他們既需要俄國人幫忙平息滿洲動亂，又想藉此向其他列強施壓，盡快從華北撤軍。〔註 33〕

11 月 11 日，法國駐華公使館代辦唐端男爵告訴薩道義：「俄國在滿洲的政策就是誘使中方官員回歸，並為他們管理地方政權，因為他們發現他們無法獨自做到這點。這就意味著不吞併，是一種非正式的託管領地形式。」〔註 34〕

關於中俄之間就滿洲問題進行談判之事，列強想方設法從各種渠道打聽消息。薩道義就是其中的一個急先鋒，在一定程度上，正是他（和日本駐華公使小村壽太郎等人）進行各種正式與非正式的外交活動，「挫敗」了俄國迫使中國簽訂滿洲協議的企圖，使俄國無法「名正言順地」兼併滿洲。俄國在滿洲的一舉一動都暴露在中外各界的密切關注之下。最早是由英國《泰晤士報》駐北京記者莫理循報導中俄已簽訂《暫且章程九條》並披露其內容，然後，薩道義積極求證此消息並向英國政府彙報。

1900 年 12 月 31 日，莫理循率先向英國發電報披露了中俄滿洲協定的主要內容。〔註 35〕而莫理循正是薩道義多年的好朋友，兩人頻繁互通消息。莫理循是很可靠的信息來源，曾做過很多關於中國局勢的獨家深度報導，他在國際上享有盛譽，

據薩道義日記記載，1900 年 12 月 25 日至 1901 年 1 月 12 日，薩道義均處於重病無法視事的狀態，他直到 1901 年 1 月 12 日起才重新工作。〔註 36〕1901 年 1 月 2 日，薩道義交給英國新任外相蘭士敦侯爵一份 1900 年 11 月 22 日在旅順簽訂的中俄《暫且章程九條》複件，稱該文件正等待清廷的批准。〔註 37〕薩道義同時將其獲得的周冕致俄方請願書（petition）傳給中方全權代表李鴻章。周冕曾奉盛京將軍增祺之命前去同駐滿洲俄軍總司令兼太平洋艦隊司令

〔註 33〕*The Diaries of Sir Ernest Satow,British Envoy in Peking (1900～1906),* p.51.同時參見：Korea and Manchuria between Russia and Japan, 1895～1904, p127.

〔註 34〕Korea and Manchuria between Russia and Japan, 1895～1904, p127.

〔註 35〕胡濱譯，丁名楠、余繩武校：《英國藍皮書有關義和團運動資料選譯》，北京：中華書局，1980 年 5 月第 1 版，第 402 頁。

〔註 36〕*The Diaries of Sir Ernest Satow,British Envoy in Peking (1900～1906),* p.77.

〔註 37〕Korea and Manchuria between Russia and Japan, 1895～1904, p127.

阿列克賽耶夫談判。周冕在請願書中卑躬屈膝之狀盡顯，他說：「既然《暫且章程》九條已草擬，您請願者的悲傷已觸動其靈魂深處，但他又有什麼替代辦法呢？……歷經翦匪肆虐全國，百姓已無資源可用。如果民眾被禁止攜帶武器，那麼，該省每個人都有生命危險。」〔註 38〕在中文檔案中，關於周冕的資料並不多，其生平不詳。

中俄簽訂有關滿洲協定的消息被媒體披露後，英國政府高度重視。1 月 3 日，蘭士敦侯爵致電薩道義，詢問《泰晤士報》所載關於南滿的所謂「中俄協定」，薩道義是否有任何消息？〔註 39〕

1 月 4 日，薩道義回覆蘭士敦 1 月 3 日電報稱，人們普遍認爲《泰晤士報》所載相關消息可信。中俄協定已於 1 月 2 日用郵包從當地寄走。**盛京將軍增祺的代表（周冕）與俄國駐滿洲軍隊總司令兼艦隊司令阿列克賽耶夫的代表似乎已於 1900 年 11 月 22 日簽訂該協定**。據說該協定正在北京等待批准。薩道義從中國官員那裡獲悉，該協定大概不會被批准，因爲在旅順簽訂該協定的中國代表（周冕）在簽字時並未得到清廷的正式授權。〔註 40〕1 月 6 日，薩道義再次致電蘭士敦稱，據說爲了修訂條款起見，中俄協定已被提交給中國駐俄公使楊儒處理。〔註 41〕1 月 8 日，薩道義再向蘭士敦彙報稱，俄軍總司令阿列克賽耶夫允許滿洲中國海關在當地保留一個受承認的機構，「至於所收稅收，它將最終成爲什麼，取決於中俄之間問題的解決情況，它未必會引起任何國際紛爭，除非或直到中方違約。」〔註 42〕

1 月 15 日，蘭士敦致函薩道義稱，當天（15 日）中國駐英公使羅豐祿向英國政府稱《泰晤士報》所載內容並不屬實，否認中俄兩國政府之間已達成一項關於俄國佔領滿洲的協定。〔註 43〕羅豐祿所言不虛，事實上，清廷並不認可增阿《暫且章程九條》，已任命慶親王奕劻、李鴻章和中國駐俄公使楊儒爲全權大臣，負責對俄談判，要求「廢暫約，立正約」。

〔註 38〕Korea and Manchuria between Russia and Japan, 1895～1904, p130.中文內容係筆者譯自英文，在中文檔案中暫未找到相關資料。

〔註 39〕胡濱譯，丁名楠、余繩武校：《英國藍皮書有關義和團運動資料選譯》，北京：中華書局，1980 年 5 月第 1 版，第 402 頁。

〔註 40〕《英國藍皮書有關義和團運動資料選譯》，第 402 頁。

〔註 41〕《英國藍皮書有關義和團運動資料選譯》，第 402 頁。

〔註 42〕Korea and Manchuria between Russia and Japan, 1895～1904, p130.

〔註 43〕《英國藍皮書有關義和團運動資料選譯》，第 403 頁。

（二）日本積極介入滿洲問題

由於特殊的地緣政治利益，日本在俄國佔領中國滿洲問題上顯得特別積極，從開始就介入其中，展開多層次外交活動。除了前述日本駐華使館武官柴五郎積極向包括薩道義在內的各國外交官打探情況外，主要還有以下外交活動。

1901 年 1 月 6 日，英國駐俄大使史科特從俄都聖彼得堡致電英國外相蘭士敦侯爵（同日收到）稱，**日本駐俄代辦奉日本政府之命詢問俄國外交部：關於北京方面電告《泰晤士報》的「中俄協定」是否確有其事？**俄外交部稱對於所謂「中俄協定」一無所知。〔註 44〕很顯然，俄方對此事諱莫如深，做賊心虛。據日本方面所獲情報顯示，是中國政府主動向外界披露中俄滿洲協定。但綜合來看，在滿洲問題上，日本收集的情報雖多，但並非很準確。

在北京也有日本外交官頻繁活動的身影。1901 年 1 月 16 日（光緒二十六年十一月二十六日）午後，中國全權談判代表慶親王奕劻赴日本使署會晤剛接替西德二郎上任不久的小村壽太郎公使，寒暄畢。

> **小村云：貴國與俄國所議滿洲事件，聞派駐俄公使楊大臣與俄政府商辦。目下若何情形？願聞其詳。**慶云：此事二三日前接楊大臣來電云，尚未開議。惟周道冕所議九條，楊大臣亦不以爲然。想必能力與爭辯。
>
> 小村云：如此甚好。此事關係甚重大，王爺與李中堂務須格外留意。今據我所聞者敢以奉告，以備參考。**昨接俄都聖彼得堡友人來電，謂伊見俄國户部大臣（維特），户部大臣告以滿洲俄兵必全行撤回，土地全還中國，以復舊制，決不侵佔云云。**伊既明言交還，似不能食言。惟在滿洲鐵路係俄之資本，現被土匪毀壞，不能不留兵保護。然留兵數必須定一限制。前者只三千名，此次或增至五千名或六千名，須先限定，否則雖交還，如同佔據。於中國大有損害。不特此也，**英國已與德國立約不占中國土地，惟他國得有利益，彼亦須一律均霑。滿洲若顯爲俄有，英必占長江一帶，德必占山東全省，我日本雖不敢有利中國土地之心，然時局若此，亦不得不起而爭利益，於中國損莫大焉。**故此事務望留意利害相關，故敢直言無隱。

〔註 44〕《英國藍皮書有關義和團運動資料選譯》，第 402 頁。

慶云：盛意可感，周冕所議九條，我與李中堂均不以爲然。可見楊大臣尚明白事理，或可以辦好。

小村云：我已將中國政府派楊大臣與俄外部商議之事電達我外部，請外部電告駐俄我公使打聽若何情形，隨時電知。此處得有消息，我當奉告。此事與我日本大有關係，我當極力相助，與周道在旅順所議者乃俄水師提督，凡武官莫不欲佔便宜以爲己功，殆非俄政府意也。惟目下英德咸注意俄之舉動以待機會。俄一得利，彼必效尤，恐現在所定之和約十二條亦將變更，後來諸事殊多棘手，故我日本深望滿洲之事早日定議，以免各國生心。……〔註45〕

小村所言與不久前英駐俄大使史科特所獲情報頗有相似之處，可見所言不虛。事實上，在整個中俄滿洲問題交涉過程中，各國政府及其駐華公使都曾反覆提及小村的這句話：「滿洲若顯爲俄有，英必占長江一帶，德必占山東全省，日本雖不敢有利中國土地之心，然時局若此，亦不得不起而爭利益，於中國損莫大焉。」中國駐外公使們及地方督撫們也都認可這種分析。小村還極力凸顯英德等國對滿洲的企圖，卻拼命淡化或「掩飾」日本在滿洲問題上的野心，實際上，日本才是列強中最關心中俄滿洲問題談判的國家，沒有之一。

次日（1月17日），小村拜訪另一位中國全權談判代表李鴻章，復申前說，以促中國之注意。小村稱：「我日本所注意者，莫過於滿洲之事。蓋俄國若有利益，則英法必據利益均霑之說向中國要求，各國亦必起而效尤，故關係甚大。俄得志於滿洲，我日本亦大有不利，將來似可將此意明告俄國。」小村認爲，保護鐵路之兵仍不能免，但必須限定人數和時間。俄國既以保護鐵路爲名，亦只宜在鐵路一帶。若旅順、吉林、奉天則不宜屯兵。小村也透露之前他跟慶親王奕劻所說內容，並請中日雙方互通情報信息。「此事彼此均有關係，務望推誠相商是荷。」小村還透露日本駐天津領事稱俄國想在天津建租界之事。李鴻章替俄方辯解租界之事，似有「通俄親俄」之嫌，而小村則旁敲側擊，稱日本也想在天津擴大日租界。李鴻章事後將小村所談要點電告駐俄公使楊儒。〔註46〕

從上述對話中不難看出，日本政府極其關注滿洲問題，指示其駐中、俄

〔註45〕《清季外交史料》卷一四五，頁九。
〔註46〕王芸生：《六十年來中國與日本》（第四卷），第63～64頁。

和英等國的外交官頻繁活動，多方打聽有關中俄滿洲協定的情況，及時溝通信息，以期制定最佳政策。日本更是對中國威逼利誘，尤其是分析指出：若簽署中俄滿洲協定，國際形勢對中國極其不利，剛剛在北京簽署的和約十二條也恐將改變。〔註 47〕這讓中國全權代表們誠惶誠恐，非常焦慮。事實上，在整個中俄滿洲問題談判中，日本自始至終都深度介入，這體現了日本在滿洲所謂的「國家利益」。

第二節　交涉俄財長維特擬稿

（一）楊儒在俄外交活動

接奉清廷電旨後，中國駐俄公使楊儒在俄國首都聖彼得堡展開了漫長且艱難的外交談判。此前，楊儒一直密切關注俄國政府情況，及時向遠在西安的清廷及在北京的中國全權大臣奕劻和李鴻章彙報有關俄國的情報，協助中國同各國代表在北京開展談判。1900 年 9 月（光緒二十六年閏八月），楊儒曾在俄國黑海就滿洲問題會晤俄國外長拉姆斯多夫和財長維特，兩人均答應盡早從滿洲撤軍，交還地方，並請中國派員接收，俄只留保路之兵。在被清廷授予全權負責在俄國談判交收滿洲問題後，楊儒便積極聯絡俄方，但直到 1901 年 1 月 4 日（光緒二十六年十一月十四日），**楊儒才得以首次與維特談判滿洲問題**。維特仍堅稱俄國決不要滿洲寸土尺地，俄兵遲早總要撤退，但刻下中國政權尚未歸舊，政府尚無定所，朝中辦事者尚未知是何派人，滿洲尚不能擔保無事，故俄兵不能驟撤。楊儒對維特說：「外國報章紛傳，謂貴國在滿洲已派武員治理地方。」維特表示：「此言不確，報章謠傳，請不必信。」楊儒稱：「如我兩國速定辦法，亦可塞外人之口。」維特稱俄國政府急欲將兩國交涉事從速了結，願由中國決定在何處（北京或聖彼得堡）開議。楊儒告知維特自己已獲清廷全權，但維特在閱完全權證書後認爲楊儒全權似乎不夠，「因並無令貴大臣議結畫押暨所畫之押當由政府擔任等字樣。」〔註 48〕誠如斯言，隨後中俄雙方在此問題上反覆交涉，糾纏很久。

1901 年 1 月 8 日（十一月十八日），楊儒再訪維特談滿洲問題。楊儒透露，

〔註 47〕指的是 1900 年 12 月 24 日，外交團向中國全權代表遞交《聯合照會》十二條，詳見前面章節。筆者注。

〔註 48〕轉引自：王芸生《六十年來中國與日本》（第四卷），第 56 頁。

1月3日，英國《泰晤士報》披露盛京將軍增祺與俄軍阿列克賽耶夫將軍分別派員訂定奉天交地九款，業已畫押。他讀後半信半疑，故特向維特求證此事。維特對此報導內容予以肯定，並更正報載俄方代表的身份錯誤。楊儒認爲「所訂各款所載關係甚重，中國吃虧未免太甚」。

維特極力勸說楊儒奏請清廷批准增阿暫約，但楊儒稱必須先廢除暫約再談判正約，中國政府並無來電述及此事，他恐政府尚未之知，且疑各款非出政府及增將軍本意。各款中有斷然難照辦者，想必清廷未必知情。維特質問條約中有哪些難以辦到？楊儒表示尚未接到政府訓令且從未接手此事，但他猜測：「如諸款中遣散華兵，交出軍火，毀拆全省炮臺火藥局，俄派駐員預聞要公各節，不但奪其兵權，且干預內治，侵我主權，其他各款亦多不變之處。」維特表示「各款命意，無非欲防後患，中國雖不得設兵，而地方巡捕之役仍歸中國自理，吏治仍全歸中國。」〔註49〕俄人所言眞是冠冕堂皇至極！

1901年1月17日（十一月二十七日），**楊儒三訪維特。維特口述十三條，內容之狠辣較增祺《暫且條約》尤甚**。在楊儒極力爭取下，維特終於同意廢除增阿暫約，另立正約。楊儒敦促維特早開啓談判，但維特表示應商條款尚未備齊。於是，楊儒請維特看在兩人交情份上提前透露大概情形。維特稱各款尚在擬稿，其要旨不外乎以下數端：①兵費償款由各使在京核定，俄決不多索；②滿洲中國只可設巡捕兵，仍與俄商定名數；③滿洲簡放將軍，先與俄商明；④三將軍處由俄派文武二委員佐之，武稽巡捕兵數，文接洽鐵路公司事件；⑤滿洲、蒙古暨中國北省，未經俄允許，無論何項利益，不得讓與他國；⑥滿洲、蒙古等處中國不得建造鐵路；⑦金州城歸入租界；⑧滿洲稅關歸俄人代理，中國可派員稽查進款；⑨陸路進口貨納稅後，至內地不准加徵內地稅；⑩中國1895年由俄擔保之借款，前訂合同定六個月付息一次，現擬查照英德借款，改訂每月付息一次；⑪滿洲鐵路兵費賠款未清，中國無權贖回；⑫山海關至營口鐵路，俄願出費購買，價值若干，即在兵費賠款兩項下扣算，所餘之數、每年應還利息，即在滿洲稅關進款項下，每年扣算；⑬俄保路之兵，約定年限，分期撤退。〔註50〕

楊儒認爲維特所提上述辦法不近情理，交地類有名無實，此事必將引起列強干涉，「貴國屢次明告中國暨天下各國，謂俄於中國一意保全，絕不稍存

〔註49〕轉引自：王芸生《六十年來中國與日本》（第四卷），第57～58頁。
〔註50〕轉引自：王芸生《六十年來中國與日本》（第四卷），第59頁。

私意。現商辦交還滿洲，天下各國旨屬耳目，而英日德法各國在華商務較大者爲尤甚。俄不但應爲中國留地步，亦應顧各國議論。」維特辯稱兩國商辦事件，他國不能干預。楊儒表示，他國事前雖未必干預，但恐事後亦欲援例。俄在滿洲如此辦法，占盡權利；假使英在長江一帶或云南地方，德在山東，法在廣西，日本等國務指地位，援案辦理，中國將何以爲國？故請俄國做一好榜樣，庶免他國效尤。維特稱：「凡俄可以通融之處，必竭力通融。」至於何者可以通融，維特稱：「如俄兵分期撤退一層，貴大臣可向兵部力爭，兵數務期少，限期務期近。」〔註 51〕

隨後，楊儒致電李鴻章彙報與維特會談情況，並分析維特口述 13 條內容之危害。楊儒「細譯各款暨戶部之詞。善自爲謀，乘虛圖我情形顯然。然查兵權利權與派官之權三者損一，已失自主，何況全損？東省權利盡去，已覺不堪，何況牽涉蒙古暨北省，一國如此，他國效尤，保全中國之謂何？」他認爲：「竊以俄如和平商辦，作一榜樣，應速與訂定，如挾制我覬自便私圖，宜暫延緩，且俟各國訂約再商，否則英於長江一帶，德與山東全省，均欲援例，何以應之？東省失不守幸議交收，堅拒非宜，曲從不可，事處兩難……」

1 月 27 日（十二月初八日），清廷收到李鴻章來電轉述楊儒所報告的維特口述十三款內容，李鴻章指出：「俄戶部維特主持國是，外部聽命，所言如此殊難就範。現日本使倡言，如照周冕旅順所議，東省雖曰交還，實同佔據，則英必占長江，德必踞山東，日本亦必圖踞地，大局擾亂可危，似應如楊儒所議，宜暫延緩爲便。」〔註 52〕這是日本新任駐華公使小村壽太郎 1 月 15 日和 16 日分別會見慶親王奕劻和李鴻章時透露的內容，兩人又將其轉電楊儒，所以楊儒在與俄國財長維特交涉時也做了類似表述。

楊儒代表清廷在俄國交涉之事爲國際社會廣泛關注，各國情報機構更是四處偵聽，其中，英國是個急先鋒。1901 年 1 月 22 日，英國駐俄公使史科特致電英國外相蘭士敦侯爵稱，有人告訴他（史科特）說：俄外長拉姆斯多夫伯爵正與中國駐俄公使楊儒進行談判，目的是保證俄國不受滿洲那方面重新發生的攻擊，並防止邊境騷擾。這些協議將不涉及任何領土的佔有或由俄國行使保護權，但在修築和經營通往旅順口的那條鐵路期間，將

〔註 51〕轉引自：王芸生《六十年來中國與日本》（第四卷），第 58～61 頁。
〔註 52〕《慶親王奕劻大學士李鴻章來電》光緒二十六年十二月初八日（1 月 27 日）到，電報檔，詳見：《清光緒朝中日交涉史料》卷六十，頁三。

提供保護。〔註53〕

與此同時，英國駐華使領館也有行動。1月25日，英使薩道義拜訪中國全權大臣李鴻章。李很關心俄國強化其對滿洲鐵路控制的企圖。薩道義在日記中這樣記載：「作爲對滿洲受損鐵路的部分補償，俄國人要求佔據長城以外部分鐵路，但他（李鴻章）拒絕了。我說他應堅持這一立場，我知道他有時會強硬地拒絕俄方所提要求。他清楚地告訴我，爲了將俄國人趕出去，中國已向債權人借款，用以修建至新民廳和牛莊的鐵路。如果俄國人佔據通往北京的鐵路，那中國就完了。」〔註54〕

由於未能首先獲得滿洲特權，俄國遲遲不願從當地撤軍，這引起其他列強強烈不滿。

2月5日，薩道義致電蘭士敦侯爵彙報重要情報，當天（2月5日），薩道義從日使小村壽太郎獲悉〔註55〕，俄國政府正堅決要求清廷立即批准（薩道義在1月4日電報中所報告的）那個協定，它希望爲永久解決滿洲問題獲得下列條件：①遼東半島租借地應包括金州城在內；②規定只有在事先得到俄國同意後，清廷才能任命滿洲各省總督；③關於中國派駐警察部隊人數，應由俄國與中國之間達成協議；④對上述警察部隊的監督權，將委託給俄國駐各總督衙門的一位軍官；⑤此處將解決軍費賠款問題，但對鐵路所造成的損失不包括在內；⑥俄國希望購買山海關以北的鐵路，購買鐵路的款項將由所要求的軍費賠款總額中扣除。賠款餘額和利息將從滿洲海關歲入中支付；⑦滿洲海關由俄國控制和管理；⑧俄軍將逐步撤出滿洲。〔註56〕

無論是從內容還是薩道義的備註來看，小村所指的協定都明顯是指增阿《暫且章程九條》。殊不知，他所獲情報並不準確。此時該暫約已被廢棄，中俄正另立正約。難怪後來李鴻章向清廷彙報中俄滿洲問題談判過程時稱日方只知播弄是非，但不知所獲情報已過時，純屬過分操心。〔註57〕

2月15日，小村再次告訴薩道義，「英、日、德三國正向中方提出關於滿

〔註53〕《英國藍皮書有關義和團運動資料選譯》，第408頁。

〔註54〕Korea and Manchuria between Russia and Japan, 1895～1904, p130.

〔註55〕*Korea and Manchuria Between Russia and Japan,1895～1904*, p130.

〔註56〕《英國藍皮書有關義和團運動資料選譯》，第413頁。同時參見：Korea and Manchuria between Russia and Japan, 1895～1904, p130～131.

〔註57〕《大學士李鴻章來電》光緒二十七年正月十一日（3月1日）到，電報檔，詳見：《清光緒朝中日交涉史料》卷六十，頁三十。

洲問題的相同建議。」薩道義在當天的日記中這樣寫到：「我（薩道義）向小村透露了我即將就此事同李鴻章和慶親王奕劻交流的內容。小村已獲日本政府指示將採取類似行動，並派一名翻譯過來（與我）詳談。」〔註58〕

英國外交部在統籌安排英國駐各國外交官們打聽情報，並及時與各國政府溝通聯繫。2 月 13 日，蘭士敦侯爵同時致電英國駐德公使拉色爾斯爵士、駐日公使竇納樂和駐華公使薩道義稱，關於中俄滿洲協定的問題，德國政府將通知中國政府說：德皇政府認爲，在中國政府能夠估計對所有國家作爲一個整體來說所應承擔的義務並同意接受這些義務之前，他們不應同任何國家締結具有領土或財政性質的單獨條約。

蘭士敦已通知中國政府說，**英國政府認爲，像人們所傳說的已締結有關滿洲的任何此類協定，將成爲中國政府所面臨危險的根源。在中國政府與任何單個國家之間都不應締結影響中華帝國領土權利的協議**。〔註59〕

在單獨給薩道義的電文中，蘭士敦特別要求薩道義按照他（蘭士敦）對中國駐英公使羅豐祿所說上述詞句〔註60〕，向中國政府提出一項通知。〔註61〕接到電報後，薩道義於 2 月 16 日照辦。〔註62〕

（二）中國請求英日德美四國出面調停滿洲問題

中國地方督撫頻與外國聯絡

在整個《辛丑條約》談判及中俄滿洲問題談判中，出於自身利益和國家利益的雙重考慮，以兩江總督劉坤一和湖廣總督張之洞爲首的所謂「地方開明實力派」積極與各國駐當地領事直接聯繫，並通過他們和各國駐華公使（甚至各國政府）取得間接聯繫。從薩道義日記、信函及各國外交檔案中，我們可以看到很多相關材料，這有助於我們更全面認識當時地方官員群體的政治態度。

（時間？）英國駐漢口代理總領事法磊斯向倫敦報告稱，湖廣總督張之洞正建議清政府不要簽署滿洲協定，而這時俄方正在聖彼得堡對中國駐俄公

〔註58〕Korea and Manchuria between Russia and Japan, 1895～1904, p131.同時參見：*The Diaries of Sir Ernest Satow,British Envoy in Peking (1900～1906),* p.88.

〔註59〕《英國藍皮書有關義和團運動資料選譯》，第 417 頁。

〔註60〕即文中加黑劃線標注部分，筆者注。

〔註61〕《英國藍皮書有關義和團運動資料選譯》，第 417 頁。

〔註62〕《英國藍皮書有關義和團運動資料選譯》，第 437 頁。

使楊儒施壓。張總督「很焦急地想知道英國政府能在多大程度上支持中國拒簽該協定」。

法磊斯在電文中寫到：「我已向薩道義報告該協定的內容，該協定將確保俄國佔領滿洲直至鐵路完工，並使俄國得以控制滿洲的中國軍隊和警察。

除俄國人外，中國北部陸海軍均不能聘用其他外國人。未獲俄方同意，中國不得在其與俄國交界的領土內出讓築路、開礦和其他權利。未獲俄方同意，甚至中方都不能在這些領土上修鐵路。除了獲得修築一條遠至長城的鐵路權利之外，該協定還進一步保證俄國利益：滿洲鐵路及其雇員所受損失賠償，將採取修改現行合同或更進一步特權的方式。」〔註63〕

同時，英國駐俄大使史科特從聖彼得堡向英國政府政府報告其再次與俄外長拉姆斯多夫會談情形。「談到作爲俄軍撤出滿洲條件而簽署一項特別安排（arrangement）或協定（convention）的可能性，他（拉姆斯多夫）只能保證說：現在俄國軍事當局和滿清地方當局之間確實存在一項**暫時妥協**（modus vivendi），用以規範滿洲地方當局的某些條件。」〔註64〕

1901年2月15日，英國駐日公使竇納樂從東京致電蘭士敦侯爵（同日收到）稱，應警告中國政府不得同各國締訂單獨協定。關於蘭士敦2月13日的電報，日本政府已將同樣意思通知中國駐日公使（李盛鐸）。日方補充說：中國不應同任何國家締訂單獨協定；從目前中外談判中所達成的一切協定必須是集體性質的。〔註65〕

2月16日，在北京的各國公使會議結束後，德國外交官古斯塔夫・馮伯倫（Gustav krupp Von Bohlen und Halbach）〔註66〕拜訪薩道義，詢問就滿洲問題該如何回覆中國人。薩道義給他讀了英國外交部的來電〔註67〕，並說自己已將此電報內容傳達給李鴻章。薩道義還向他透露，日使小村壽太郎也獲有日本政府的相同指示。〔註68〕

2月19日，薩道義致電蘭士敦（同日收到）稱，遵照蘭士敦2月13日訓

〔註63〕Korea and Manchuria between Russia and Japan, 1895～1904, p131～132.

〔註64〕Korea and Manchuria between Russia and Japan, 1895～1904, p132.

〔註65〕《英國藍皮書有關義和團運動資料選譯》，第417頁。

〔註66〕Gustav krupp Von Bohlen und Halbach (1870.8.7～1950.1.16)，德國外交官，娶德國工業巨頭弗雷德里希・克盧伯（Friedrich krupp）之女貝莎（Bertha krupp）爲妻，並入贅。

〔註67〕即前文所指2月13日蘭士敦來電，筆者注。

〔註68〕*The Diaries of Sir Ernest Satow,British Envoy in Peking (1900～1906),* p.89.

令，**薩道義已於2月16日向中國政府提出通知。德**日兩國駐華公使均已收到各自政府的類似訓令，但德國政府在致其駐華公使穆默的電報中並未明確提及滿洲。〔註69〕2月21日，**意大利**駐華公使薩爾瓦葛拜訪薩道義。意大利政府指示他要像德使穆默和薩道義那樣去警告中國政府不要達成關於領土或財政的特殊協議。〔註70〕德國政府在中俄滿洲問題上的態度很值得注意，薩道義日記中記載的相關情況與各國外交檔案中記載相吻合。

2月24日（光緒二十七年正月初六日），中國另一位地方實力派、兩江總督劉坤一致電清廷稱，「日英兩國之意以中國此時與某一國定立條約，不可允其獨享利益，以及壤土之權必須與各國商辦方能保全。」〔註71〕很明顯，劉坤一早已通過日、英（德）等國駐南京或上海的領事官們瞭解各國政府在中俄滿洲談判問題上的立場，並積極向清廷建議獻策。

接到劉坤一來電後，清廷隨即電寄慶親王奕劻和李鴻章諭旨，其中，透露了劉坤一的相關意見：「李鴻章從前曾與俄訂密約，中俄交際情形最爲熟悉，近日該國復到國書，情詞肫懇，聲明不侵我主權，現在事機萬緊，朝廷惟該大學士是賴。楊儒雖派全權，其約内極有關係之處仍須先與俄使切實磋磨，一面將劉坤一電稱各節，悉心體察，**設專顧俄約而英德日各國援以相爭，是以一俄而掣動各國，後患將不可勝言。**」清廷命兩人設法統籌兼顧，盡力將俄與各國各不相下之處消融無跡。〔註72〕

李鴻章認爲俄約危害不大，力主簽約

1901年2月？日，李鴻章將日使小村和英使薩道義在滿洲問題上的上述觀點轉電中國駐俄公使楊儒，命他和俄國政府酌商。不久，德、美、意、奧匈等國公使先後來轉致各國政府電報，內容均類似。李鴻章問各位公使：「（滿洲問題）諸國何不徑與俄政府商辦？」公使們都說此事應由中國作主。李鴻章於是前去同俄使格爾斯晤談，格爾斯認爲對各國干涉應置之不理，這是中俄兩國之事，與各國無關。

楊儒回覆李鴻章電報稱：「日外部言暨英政府電均以東事應歸公議，其設謀用意甚深。」楊儒稱「（俄）國書已覆，約稿已交，俄主覆書且催速訂」，

〔註69〕《英國藍皮書有關義和團運動資料選譯》，第437頁。
〔註70〕*The Diaries of Sir Ernest Satow,British Envoy in Peking (1900～1906),* p.91.
〔註71〕《清光緒朝中日交涉史料》卷六十，頁二十三。
〔註72〕《清光緒朝中日交涉史料》卷六十，頁二十三。

故此時商改俄約不妥。

楊儒提出自己的觀點：「愚昧之見，如朝廷決意不欲另立約章，應先請旨收回全權之命，並由儒與格使同時傳旨告俄外部，改歸北京公議，**一面請英日政府徑商俄政府**，俄不畏我尚畏公論，我不便觸俄怒，而英日尚不致畏俄，俄亦不致遷怒於我，況中日同洲，英德有約，既云應歸公議，據理折之，振振有詞，不爲越俎。竊慮彼恐傷俄好不肯告俄聳我自定，特預爲效尤地。萬一俄因此決裂，即另立約章，亦不商議歸地，彼效尤者更爲得計，大局尤不可問。」楊儒也對英日兩國政府抱有不切實際的期待，在後來外交談判中被無情地「打臉」。

於是，李鴻章和奕劻致電清廷稱：「臣等查俄國書已覆，約稿已交，斷無收回全權之理，格使雖云不理，當已密告其政府，可否仍令楊探詢各部口氣若何，再與從容議約，急脈緩受爲宜。」〔註 73〕

1901 年 2 月 25 日（光緒二十七年正月初七日），清廷覆電奕劻和李鴻章稱，「據劉坤一張之洞電稱，各國之意均以滿洲之約爲不然，此事關係重大，非楊儒所能了結。」朝廷命兩人或婉商英、德、日、美、奧、意等國公使，通籌妥善辦法，或面商俄使，別圖補救。「總之，既不可激俄廷之怒，亦不可動各國之憤。」〔註 74〕事實證明，清廷純屬一廂情願，在列強環伺下，「弱國」利益根本無法保證，這無異於「火中取栗」，「與虎謀皮」。

薩道義彙報增阿暫約補充內容

1901 年 2 月 26 日，薩道義向英國外相蘭士敦彙報了一份 1901 年 1 月 31 日在旅順由俄軍總司令阿列克塞耶夫和滿清盛京將軍增祺共同訂立的一份補充協議，內容如下：

一、盛京所有官署都移交給中國官員，後者將據已定條款行事。

二、允許所有中國官員回歸俄據領土上原有崗位，中方可以建立警察部隊，大地方名額 500 人，中等地方名額 300 人，小地方名額 200 人。這些警察可以攜帶武器，但必須配備由中俄雙方官府提供的易辨識標誌。

〔註 73〕《慶親王奕劻大學士李鴻章來電》光緒二十七年正月初七日（2 月 25 日）到，電報檔，詳見：《清光緒朝中日交涉史料》卷六十，頁二十四。

〔註 74〕《慶親王奕劻大學士李鴻章來電》光緒二十七年正月初七日（2 月 25 日）到，電報檔，詳見：《清光緒朝中日交涉史料》卷六十，頁二十六。

三、俄軍捕獲的土匪和叛軍都移交給中國地方當局，按中俄法律處置（原文如此）。

四、營口關稅及釐金將由俄方臨時徵收，中俄之間已經同意帝國海關待條約簽署後再接管。所有其他稅收都將由盛京將軍控制。

五、滿洲西部道路目前受到騷擾且不安全。俄軍將從那些地方撤出，故交通可能恢復。營口現在因冰雪而封閉，道路北部之產品（如：煙草、大麻、大豆和穀物等）沒有銷路，至旅順港鐵路可以用於其運輸。

六、俄方可在盛京建立一個定居點，並留駐兩名代表負責國際事務，他們將和中方代表合作，共同商辦這些事。

七、營口道臺的職責是控制海關。俄國當局目前控制著洋關稅收。盛京將軍可以命令道臺回歸原位，並與俄方合作管理。

八、被擊潰的中國軍隊逃跑時大都攜帶有武器。俄國軍事當局不必派兵搜捕他們。盛京將軍將派官員四處搜尋，以免驚擾當地百姓。

九、盛京將軍未獲清廷特命全權大臣職權，故須等待慶親王和李鴻章的談判結果。俄方盼望持久和平。

十、增祺將軍將留任滿洲四年，以便重組當地自叛亂以來的社會秩序。〔註 75〕

上述協議內容是由英國駐牛莊領事祿福禮（H.E. Fulford）彙報給薩道義的，該文本是他純粹憑記憶寫下來，具體措辭未必準確，他指出：「某些條款都顯示，這絕非只是一份臨時協議。」〔註 76〕

對於這份補充協議，筆者在諸多中文檔案中暫未找到完全與之對應的中文版本，但《清季外交史料》中收藏了兩份相關的史料，盛京將軍增祺於 1901 年 1 月 23 日（十二月初四日）到旅順與俄督阿列克賽耶夫晤談交收地方一切事宜。1 月 29 日（十二月初十日），增祺照會阿列克賽耶夫稱雙方已商定條款 9 條，未商定條款 7 條。1 月 31 日（十二月十二日），阿列克賽耶夫照會增祺，將原開各條逐細回覆。筆者將其整理成表格，以便讀者對比研讀。

〔註 75〕Korea and Manchuria between Russia and Japan, 1895～1904, p132～132.由於缺少中方檔案支持，此內容係筆者根據英文翻譯過來，措詞或與實際中文版本有所出入。

〔註 76〕Korea and Manchuria between Russia and Japan, 1895～1904, p133.

1901年1月29日（光緒二十六年十二月初十） 增祺照會阿列克賽耶夫〔註77〕	1月31日（光緒二十六年十二月十二日） 阿列克賽耶夫答覆增祺〔註78〕
【以下九條爲已商定條款】 一、俄兵所佔之瀋陽、遼陽、海城、蓋平、熊嶽等處各城池地方，均行交還盛京將軍管理，其城內外仍歸華員照舊辦事。	第一條　俄兵所佔之瀋陽、遼陽、海城、蓋平、熊嶽等處**各城池地方，均行交還盛京將軍管理，其城內外仍歸華員照舊辦**事。
二、設立巡捕隊緝捕盜賊。現定議通省共設立此項隊兵六千人，均帶槍械，先募五千五百人，其餘五百人俟察酌地方情形再行隨時派募，其餘軍隊概行裁撤，軍械收回。	第二條　本大臣准照貴將軍會同武廓米薩爾及滿洲南部都統，所議**設立**馬步**巡捕隊兵計通省先募五千五百人，其餘五百人俟查酌地方情形，再同武廓米薩爾隨時商議添募，但通計不過六千人之數**。其號衣槍械樣式及逐細章程均須武廓米薩爾會同商訂，其巡捕隊不得入鐵路十里地以內，以免誤疑致滋事端。
三、俄所修奉省鐵路由盛京將軍責成各地方官，並各集鎮村屯分段保護。如有拆毀等事，定行從嚴懲辦。中國巡捕隊如前往各處巡護鐵路，俄兵亦不得攔阻。	第三條　本大臣深許貴將軍會同武廓米薩爾所訂**保護鐵路條款**，由各集鎮屯分段保護並須責成地方官按照章程隨時照料。
四、瀋陽先當變亂之際，俄暫委有巡撫一員。現地方均交還，其所委之巡撫即行裁撤。	第四條　今因貴將軍回省辦理善後事宜，所請**將俄巡撫調回**一節，待此次貴將軍由旅回省即可辦理。
五、盛京將軍所轄各地方原徵鹽釐仍歸盛京將軍派員照舊徵收。**【亮查：此條俄國因金州租界鹽不暢銷，故欲將我鹽釐包徵。】**	第五條　盛京將軍所轄各地方原徵**鹽釐**，仍歸盛京將軍派員照舊徵收。
六、前逮去金州各官概行放回。	第六條　**前所逮去金州各官**，惟副都統福陞早經釋放，已赴煙台，至於馬牧及兩協領，本大臣亦准一同釋放，並不阻回奉居住，但不准再到金州及俄國界限以內。
七、現在奉省辦理善後需款孔亟，暫行向俄借款三十萬兩，以爲各項要需之用。其歸還日期及息銀，另立合同爲據。	第七條　撤散兵勇並開銷別項需款孔亟，本大臣深以爲然。**準向道勝銀行借款三十萬兩**，其合同即請同該銀行立定。
八、盛京將軍原住之府，俄員即行騰出，仍歸盛京將軍移住其內。	第八條　盛京將軍原住之府業已飭知，不日即可騰出，仍歸盛京將軍移住其內。

〔註77〕《清季外交史料》卷一四五，頁一三～一五。

〔註78〕《清季外交史料》卷一四五，頁一七～二〇。

九、省城現既駐有俄隊，暫留巴裏子一員，專管俄人詞訟。凡華人犯事，仍歸華官辦理。如俄華人等涉訟案件，應由彼此公同會訊，各不得妄拿存留查治。**【亮查：巴裏子係巡查街面、看押人犯之小官。】**	第九條　省城現設巴裏子官等專管俄人詞訟。凡華人犯事，仍歸華官辦理。如俄華人等涉訟案件，由俄官按照情形自行審辦，或邀華員在座聽訟，解明一切。
【以下七條爲未商定條款】 一、營口地方及稅關應請仍行交還，歸華員照舊辦理。	第十條　前曾訂立營口等處，俟奉省確實太平再行調換華員管理，現在奉省雖然還未安靜，本大臣已准將各地方交還營口地方，將來亦行辦理。
二、金州城內商民人等，應請查照前約，仍歸中國官員辦理。	第十一條　金州設回華官，務須候兩國朝廷立妥和議，始能核准。今本大臣未便先議。
三、現在奉省俄兵，前占各衙署及各民房，均請讓出，以資辦公並以便民，其所留俄兵，應於何處歸併駐紮，須會同酌定。	第十二條　前俄兵所佔各衙署及各民房之時，均係空房，皆自行修整，所費甚巨。倘請讓出，必須俄官所指方便潔整地方始可遷往，此事會同滿洲南部都統由武廓米薩爾商定。
四、奉省原設中國官商各電報局，請仍歸華員辦理，遇有俄報，各電局均可代打。	第十三條　擬設回中國電局，須俟奉省各處均已安靜方可照辦。惟現華官報可請俄官允准代達。
五、俄隊所駐之處，該地方官務與該帶兵官以禮相待，和衷相商，彼此嚴行約束兵民，不得滋生事端。倘俄隊買辦糧草等事，或由地方官派人同往採買，或由地方官代爲定購，須按公平價值，該帶兵官須照價給發。	第十四條　貴將軍所議俄隊，須由各地方官務與該帶兵官以禮相待，遇事和衷相商辦理，一切適合本大臣心意並俄隊買辦糧草等事，由地方官派員同往，或代爲訂購一節，亦堪嘉尚。惟照時價給發前已屢次飭箚，傳諭遵辦矣。前所掠取對象不給價值，現已嚴行懲辦，想不能再蹈故轍。
六、酌留俄馬步隊若干名，均分駐何處以便知照各該地方各官，如有鬍匪，即由各地方官巡捕隊自行緝捕。倘有大股馬賊，再爲知會。俄兵官帶隊幫同剿捕。然須有各該地方巡捕隊知照，以免匪人誤指，妄拿等弊。**【亮查：當時通事，每有勾串俄兵下鄉，或因勒索不遂，即誣爲匪，或報民間有槍，藉端訛詐，或因盜匪已去指民爲賊，燒毀誣傷，時時有之。故訂此條。】**	第十五條　奉天省酌留俄馬步隊若干，本大臣現不能酌定，因須看地面安否始能定數，並分駐何處，由武廓米薩爾知照。倘有大股馬賊由各該地方官武巡捕隊知照，即可幫同剿捕，本大臣深以爲然。但該賊欲攻害俄隊或鐵路及俄人等，則俄兵自行剿獲，不俟地方官知照矣。
七、前派海城署知縣鳳鳴仍請放回。	第十六條　前署海城縣鳳鳴現已釋放，已赴煙台，但不許再回滿洲居住，因其欲仇害俄人，恐其回來致生事端。

【備註】以上各條均係歸還地方應辦之件，所有前次暫且章程及此次各條辦法，將來均視北京所定和約爲斷。如有未盡者，隨時續辦。如與和約不符者，即行更改。	【備註】前訂暫且章程曾已詳明暫時照辦，嗣後兩國朝廷可以酌改。此等章程當停戰之後當由兩國統轄將官訂立，即刻添改各條亦爲安堵地方。現因和約未妥，彼此先行立定，請貴將軍誠信，俟和局一定，本大臣必備文照會，將前立暫且章程並現訂各條均照和約章程續改，暫時之間彼此應照以上各條辦理。

令人奇怪的是，在整個中俄滿洲問題交涉中，增祺和阿列克賽耶夫所訂的上述補充協議並未成爲交涉重點，在中英文檔案中都很少提及。

第三節　交涉俄外長所提約稿 12 條

（一）楊儒在俄外交活動

經過楊儒在聖彼得堡多次交涉後，俄方終於同意既廢止增阿暫約，也不堅持維特口述 13 款，但沒想到結果更糟糕。

1901 年 2 月 16 日（光緒二十六年十二月二十八日），中國駐俄公使楊儒與俄外長拉姆斯多夫在俄外交部舉行談判，楊儒交一關於庚子賠款之國書意在請求俄方在北京中外和談中協助中方，減輕其他列強的勒逼程度，拉氏則面交俄皇覆書一通及約稿一件。拉氏面交楊儒之約稿計十二款，其狠毒較增祺暫約尤甚。約稿如下：

一、俄主願表友好，不念滿洲開釁之事，允將滿洲全行交還中國，吏治一切照舊。

二、東省鐵路合同第六條准該公司設兵保路，現因地方未靖，該兵不敷，須留兵一股，至地方平靖及中國將本約末四條辦到之日爲止。

三、如遇變急，留駐之兵，全力助中國彈壓。

四、此次與俄攻擊，華兵尤甚，中國允於路工未竣及開行以前，不設兵隊，他日設兵，與俄商定數目，軍火禁入滿洲。

五、中國爲保安地方計，凡將軍大員辦事不合邦交，經俄聲訴，即予革職，滿洲內地可設馬步巡捕，與俄商定數目，軍械除炮，供差不用他國人。

六、照中國前允成議，中國北境水陸師不用他國人訓練。

七、爲保安地方計，租地約第五款隙地，由地方官就近另立專章，並將專條第四款金州自治之權廢除。

八、連界各處，如滿蒙及新疆之塔爾巴哈臺、伊犁、喀什噶爾、葉爾羌、和闐、于闐等處，礦路及他項利益，非俄允許，不得讓他國或他國人，非俄允許，中國不得自行造路，除牛莊外，不准將地租與他國人。

九、此次俄兵費、各國賠款均應清還，俄名下賠款數目期限抵押，與各國會同辦理。

十、被毀鐵路暨公司工師被劫產業，又遲誤路工貼補，均由中國與公司商賠。

十一，上項賠款，可與公司商定，將全數分出若干，以他項利益作抵，該利益可酌改舊合同，或另讓利益。

十二，照中國前允成議，自幹路或枝路向京造一路，直達長城，照現行路章辦理。

此約稿中兩次提到「照中國前允成議」，後被中國全權談判代表及清廷朝野指出純屬揑造，子虛烏有，俄方想借機將此前單方面的要求坐實，但被中方識破。

民國報人王芸生對此評論說，此約稿第二款所謂「東省鐵路合同第六條，准該公司設兵保路」云云，係俄人之曲解，因該條並無此明文也。〔註 79〕綜觀整個中俄滿洲問題談判，可以發現拉姆斯多夫所提約款 12 條既是中俄交涉的重點，也是各國情報機構關注的焦點。

俄外長所提條約與最後約稿內容對比（附薩道義所獲情報）

拉姆斯多夫提約稿 12 條（中文版）	薩道義所獲情報（筆者譯自英文） 1901 年 2 月 25 日（獲自張之洞）	3 月 17 日 （獲自李鴻章助手周馥）	3 月 19 日 （來源不詳）	3 月 22 日 （獲自英國領事法磊斯）	俄國最後約稿 （1901 年 3 月 12 日/光緒二十七年正月二十二日）

〔註 79〕王芸生：《六十年來中國與日本》（第四卷），第 84 頁、第 88～89 頁。

一、俄主願表友好，不念滿洲開釁之事，允將滿洲全行交還中國，吏治一切照舊。	退還滿洲。	在滿洲，俄國將既不干涉中國官員的任免，也不干涉當地徵收關稅或釐金。【即第五條】 關於蒙古和新疆的條款將被刪除。【即第八條】 只有在照會俄方後，中國才能將滿洲的採礦和鐵路特權讓與他國。 俄方取消有關中國海陸軍雇傭外國教官一事的條款。【即第六條】 在金州的中國地方當局仍然保留。 必須在十四天內簽署該協定，然後才能將其內容公之於眾。 【薩道義從可靠渠道得知】俄方將不再要求牛莊鐵路，但仍堅稱它有權從滿洲鐵路修建一條支路抵達長城。	第 1～3 款不變	第 1～4 款不變	一、大俄國大皇帝欲將待大清國大皇帝之心並保和之念，重行表明，並不念及俄連界之滿洲地方俄國良民居住各處前被攻擊，允將滿洲仍由中國自治，將該地方完全歸還中國。凡未經俄兵佔據以前之一切章程吏治悉仍其舊。
二、東省鐵路合同第六條，准該公司設兵保路，現因地方未靖，該兵不敷，須留兵一股，至地方平靖及中國將本約末四條辦到之日爲止。	在本條約的最後四項條款獲得實現之前，俄國將留駐一支額外的部隊保護滿洲鐵路。				二、查照一千八百九十六年八月二十七號俄華銀行與中國政府訂定建造開辦東省鐵路合同第六條，該鐵路公司有自行管理租歸鐵路地段之權，故准自設保路守兵，現因滿洲地方迄未切實平靖，該守兵不敷安保以後東省路工，俄政府將兵隊一股暫留滿洲，至該處地方平靖，及中國大皇帝將本約第八、九、十、十一等款所載各事辦到爲止。
三、如遇變急，留駐之兵全力助中國彈壓。	俄國將幫助中國維護秩序。				三、所有俄兵其留在滿洲界內時，有遇變急，當全力幫助中國地方官彈壓及平靖地方事務。

四、此次與俄攻擊，華兵尤甚。中國允於路工未竣及開行以前，不設兵隊。他日設兵，與俄商定數目。軍火禁入滿洲。	在滿洲鐵路築成以前，中國不得留駐軍隊，而且屆時關於駐軍人數應與俄國磋商。不得輸入軍火。		關於中國在滿洲的軍隊人數及軍事據點，中國應與俄國共同決定。根據中國與列強之間簽訂的條約，禁止輸入武器彈藥。同時，中國也必須禁止這樣做。		四、此次與俄國爲敵，查有駐紮滿洲之華兵在內攻打，中國政府爲保建造並開辦東省鐵路無阻暨俄交界地方無事起見，應與俄國政府商定在滿洲兵數及駐紮地方。至禁運軍火一節，應按照各國公約辦理，其未經各國訂定之前，暫由中國政府自行禁止軍火運入滿洲。
五、中國爲保安地方計，凡將軍大員辦事不合邦交，經俄聲訴，即予革職。滿洲內地可設馬步巡捕，與俄商定數目。軍械除炮，供差不用他國人。	若俄國對任何官員提出控告，無論其職位多高，都應將其撤職。關於警察人數，應與俄國一起決定；他們不得有大炮；除俄國人外，警察中不得雇傭外國人。		任何督撫或其他高級官員，只要是被俄國指控曾在影響外交政策的事件中犯有不當行爲，就必須立即移交。中國可以保持擁有步兵和騎兵的警察部隊，但須同俄方商議其規模數量。然而，在東省平定之前，該部隊不能擁有大炮，且僅能雇傭中國人。	第五款：如果俄方抱怨某位中國官吏，無論其官職高低，都將被調離滿洲。滿洲境內警察和保安的人數應與俄方商定，他們不能攜帶武器，且僅能雇傭中國人訓練警察或保安。	五、中國政府欲令與俄連界之滿洲地方平靖並諸事照常，此後地方各將軍及他項大員，倘辦事不合兩國友誼，一經俄國聲請，准予調離。除東省鐵路公司所管地段外，地方各將軍可置設中國馬步巡捕兵一隊，爲彈壓滿洲內地之用。其兵力於地方未經全行平定以前，當與俄國政府會同商定。此隊巡捕兵軍械，不准用炮，供差只用中國人。
六、照中國前允成議，中國北境水陸師不用他國人訓練。	關於中國北部的海軍或陸軍，均不得雇傭任何外國人。		刪除	第六款：若無俄國同意，不能將滿洲境內鐵路、開礦、工業	**【拉氏所擬約款第六條被刪除】**

				或商業權利讓與外國人。除了牛莊，不能租借任何地方給其他國家。	
七、爲保安地方計，租地約第五款隙地，由地方官就近另立專章，並將專條第四款金州自治之權廢除。	撤銷金州城內的中國行政當局。		根據租借遼東半島條約第五條規定，在中立地區的地方行政當局將制定一系列適合當地環境的規章制度。	第七款：與原第九款相同。	六、俄國關東租地之北，即一千八百九十八年三月十五號條約第五條訂定之隙地界內，定約兩國當委派本處地方官，會商專章，以期一切照常，地方平靖。
八、連界各處，如滿蒙及新疆之塔爾巴哈臺、伊犁、喀什噶爾、葉爾羌、和闐、于闐等處，礦路及他項利益，非俄允許不得讓他國或他國人；非俄允許，中國不得自行造路；除牛莊外，不准將地租與他國人。	如未獲得俄國允許，在與俄國邊界接壤的領土內，即滿洲、蒙古、伊犁、葉爾羌等地，中國不得出讓任何採礦、鐵路或其他方面的權利；中國在這些地區修築鐵路之前，應獲得俄國的允許。除俄國人之外，不得將牛莊以外的領土租借權許給任何國家。		除非事先諮詢俄方意見，否則，中國不能向任何國家（及其臣民）出讓滿洲境內修築鐵路和開礦等特權以及商業優勢。	第八款：滿洲鐵路公司及其員工所遭受的損失應該與其他列強索賠損失同等對待。	七、中國政府在滿洲全境內，如未與俄國政府現行商明，不允他國或他國人造路開礦及一切工商利益。
九、此次俄兵費、各國賠款均應清還。俄名下賠款數目、期限、抵押，與各國會同辦理。	對列強的賠款和對俄國在滿洲之出的費用，應按照同等的地位處理。		不變	第九款：與原第十一款相同。	八、此次因中國滋事，俄國政府所耗實在款項，並應給各國賠款，須由中國政府一律清還。各國賠款項內，應給俄國政府之數目暨期限抵押，應與在事各國會同訂定。

十、被毀鐵路暨公司工師被劫產業，又遲誤路工貼補，均由中國與公司商賠。	關於滿洲鐵路及其雇員所遭受的損失，應由……【原注：此處意思模糊不清】予以賠償。（2月27日查核清楚。筆者注）		根據各國公使達成並由各自政府批准同意的原則，將被用於調整對破壞鐵路及鐵路公司員工的私人財產的賠償金額和誤工所致損失。	第十款：由於中國違反了此前關於修築牛莊鐵路的條約，作爲補償，根據滿洲鐵路相同的條款，俄方可以修建一條通向北京的鐵路直達長城，起點既可以是滿洲鐵路主路，也可以是任何一條枝路。	九、所有東省鐵路公司所受損失，如大股鐵路被毀，該公司及各執事等產業被劫，以及遲誤造路工程，中國政府應按照各國核准駐京各使擬訂賠款意旨，與該公司商定賠償。
十一、上項賠款，可與公司商定，將全數分出若干，以他項利益作抵，該利益可酌改舊合同，或另讓利益。	若非如此，則可接受讓與權或修改現有的合同。		不變		十、上款所載東省鐵路公司賠款，准由中國政府與該公司商定，將全數或分出若干，用他項利益抵銷，其他項利益，或酌改現行合同，或另外讓給利益。
十二、照中國前允成議，自幹路或枝路向京造一路，直達長城，照現行路章辦理。	按照與滿洲鐵路相同的條款，由幹線或支線修築一條朝著北京方向通往長城的鐵路。		中國違背此前中俄協定。原協定規定，利用從私有公司借款，直接修築一條鐵路進入滿洲（從山海關到牛莊和新民廳）。在1898年9月28日，中國對此作出補償，將此項權利讓與東清鐵路公司在直隸省和滿洲邊界處擴建一條枝路至長城腳下。		十一、查一千八百九十八年九月二十八號中國政府向一私家公司借款，造築山海關、牛莊、新民廳至滿洲鐵路，實與中俄成約相背，現在酬報此層，並爲滿洲從速平定起見，中國政府允東省鐵路公司建造並開辦鐵路一道，或自東省鐵路某處起，或自滿洲南境支路起，至滿洲直隸交界處之長城爲止，照現行東省鐵路合同訂定各款，一律辦理。

楊儒隨後便將拉姆斯多夫所提約稿 12 條電告國內，很快便在清朝高官中流傳開來，大家議論紛紛。

1901 年 2 月 27 日，薩道義致電英國外相蘭士敦侯爵（同日收到）稱，2 月 26 日，薩道義收到英國駐漢口代總領事法磊斯發來的下述電報：**湖廣總督張之洞**的秘書於昨天（2 月 25 日）奉命前來看我，並出示總督所獲電報中得知在聖彼得堡強加給中國公使那個條約〔註 80〕的摘要。**張總督堅決認爲該條約意味著許給俄國獨佔性特權。他急切地詢問法磊斯：若中國拒簽俄約，英國政府將在多大程度上支持中國？**

下面是該條約各項條款：

1、退還滿洲。

2、在本條約的最後四項條款獲得實現之前，俄國將留駐一支額外部隊保護滿洲鐵路。

3、俄國將幫助中國維護秩序。

4、在滿洲鐵路築成以前，中國不得留駐軍隊，而且屆時關於駐軍人數應與俄國磋商。不得輸入軍火。

5、如果俄國對任何官員提出控告，無論他的職位多高，都應當將其撤職。關於警察人數，應與俄國一起決定；他們不得有大炮；除俄國人外，警察中不得雇傭外國人。

6、關於中國北部的海軍或陸軍，均不得雇傭任何外國人。

7、撤銷金州城内的中國行政當局。

8、如未獲得俄國允許，在與俄國邊界接壤的領土内，即滿洲、蒙古、伊犁、葉爾羌等地，中國不得出讓任何採礦、鐵路或其他方面的權利；中國在這些地區修築鐵路之前，應獲得俄國的允許。除俄國人之外，不得將牛莊以外的領土租借權許給任何國家。

9、對列強的賠款和對俄國在滿洲之出的費用，應按照同等的地位處理。

10、關於滿洲鐵路及其雇員所遭受的損失，應由……【原注：此處意思模糊不清】予以賠償。

〔註 80〕從條款内容來看，所指條約即爲俄外長拉姆斯多夫所提約稿 12 條，筆者注。

11、若非如此，則可接受讓與權或修改現有的合同。

12、按照與滿洲鐵路相同條款，由幹線或支線修築一條朝著北京方向通往長城的鐵路。

薩道義在北京查明的情況證實了上述消息。爲了獲得李鴻章的同意，俄國駐華使館正對他施壓。薩道義認爲，整個滿洲問題的處理大權顯然已由中國全權大臣慶親王奕劻和李鴻章手上轉至尚在西安的清廷手上。

由於法磊斯的這份電報中最後幾段話似乎有些含糊不清，所以薩道義讓他再重述那些部分，到時再送呈蘭士敦侯爵。〔註81〕

2月28日，薩道義致電蘭士敦補充昨日（2月27日）電報內容：繼續談昨天電報中的問題，法磊斯已重述他上份電報中那些含糊不清的條款（即滿洲協定的第十款和第十一款）。

第十款：關於對滿洲鐵路所造成的損失及其雇員所遭受的損害，應同鐵路公司商定予以賠償；

第十一款：這種賠償可以採取許給新的讓與權或修改現有合同的形式。〔註82〕

薩道義在電報中還指出，據日使小村壽太郎透露：「李鴻章昨天（2月27日）稱自己不認爲擬定中的滿洲協議會損害中國在滿洲主權，因此已下決心接受它。」小村對此表示「強烈抗議」，但並無效果。〔註83〕

李鴻章之所以會持上述觀點，主要是因爲受到來自俄方的威逼利誘，壓力很大。2月？日，俄使格爾斯來到李鴻章寓所中「痛斥」李鴻章：「俄京約款一事，中國如聽各國讒言，不願立約，則滿洲必永爲俄有，試問東省係何國所佔，由何國交收，各國豈能僭越？」

李鴻章答覆說：「約款有過當處，應由楊使與各部駁辯，如：第六款，北境內水陸師不用他國人教練，前使巴德羅福曾有照會，總署並未允定；十二款，自幹路或支路造路直達長城，巴使亦有此說，並未明言至京，今忽添『向京』二字，此二節並非已允成議；八款，蒙古新疆連界各處礦路利益不得讓

〔註81〕《英國藍皮書有關義和團運動資料選譯》，第439～440頁。參見：Korea and Manchuria between Russia and Japan, 1895～1904, p134.

〔註82〕《英國藍皮書有關義和團運動資料選譯》，第441頁。參見：Korea and Manchuria between Russia and Japan, 1895～1904, p135.

〔註83〕Korea and Manchuria between Russia and Japan, 1895～1904, p135.

與他國，是歸俄壟斷，他國若見此約，必犯眾怒，其實，蒙古、新疆並無他國覬覦礦路利益者，各國禁運軍火正擬商改年限，東省亦不應永禁。凡此皆當由楊使逐細磋磨，貴國切勿性急。」李鴻章對俄方伎倆還是頗爲洞悉。

格爾斯說：「還交東省，本國兵部及武官皆不願，幸外部力持，若聽各國浮言猶豫不定，兩國邦交大局甚有窒礙，且各國無以此語告我政府者，獨以不干己事，與中國爲難，必當置之不理。」〔註 84〕恐嚇之狀極其明顯。

當天，慶親王奕劻和李鴻章致電（西安）清廷軍機處彙報，內稱：「俄使以此事與各國無涉，中國當置之不理，其勢固做不到，若竟將俄約延宕不辦，則三省必不願交還，各國將相率效尤，大局不堪設想，朝廷體察情形，若能乘機借力各國，以圖牽制，將必不可允者，除來電所指各款外，如；第七條內將金州自治之權廢除一款，一併立與辯論，但能做到勿佔據我土地、勿壟斷我利權，俾各國不致藉口，或亦權宜結束之一法。」

2 月 27 日（光緒二十七年正月初九日）清廷電寄奕劻李鴻章諭旨，命兩人「婉商各使，開載布公，協力勸俄相讓，勿徒與我暗中爲難」。〔註 85〕

3 月 1 日，英國外相蘭士敦侯爵電告薩道義稱，清廷已頒諭旨邀請英、德、日、美等四國政府出面調停正擬訂中的滿洲協定。他已回覆中國駐英公使羅豐祿稱英國政府尚未獲得該協議的完全文本，在採取行動之前應該同其他國家充分協商，但「認爲中方此時不能自行其是，而應在採取任何進一步措施之前先等待（各國政府）有關請求調停的答覆」。

蘭士敦在致薩道義的另一封密信中補充說，慶親王奕劻和李鴻章均認爲該協議將不會剝奪中國的任何領土或財政權利。「他們因此希望列強不要對此表示反對，似乎如果他們這樣做的話，中俄關係將嚴重惡化，這也將危害列強在華利益。而俄國對滿洲的臨時佔領就將變成永久佔領。」同時，英國領事祿福禮從牛莊（營口）給薩道義發來報告稱，俄軍司令阿列克賽耶夫已保證中俄滿洲協定「只是爲當地提供臨時行政管理的暫行辦法」。薩道義隨即將此情報電告英國政府。〔註 86〕

3 月 1 日，蘭士敦還致函薩道義透露中俄滿洲協定的詳情。當天（3 月 1

〔註 84〕《慶親王奕劻大學士李鴻章來電二》光緒二十七年正月初九日（2 月 27 日）到，電報檔，詳見：《清光緒朝中日交涉史料》卷六十，頁二十七。

〔註 85〕《軍機處寄奕劻李鴻章諭旨》光緒二十七年正月初九日（2 月 27 日），電寄檔，詳見：《清光緒朝中日交涉史料》卷六十，頁二十八。

〔註 86〕Korea and Manchuria between Russia and Japan, 1895～1904, p136.

日），中國駐英公使羅豐祿給蘭士敦留下一道2月28日清廷上諭的譯文。〔註87〕針對人們所說俄國政府強迫清廷接受的滿洲協定，該上諭請求英、德、美、日等四國政府共同在俄中兩國之間進行調停。〔註88〕

羅豐祿以前曾對蘭士敦宣讀過湖廣總督張之洞關於中俄滿洲協定的一份電報，內稱：「俄國通過該協定將侵犯中國的領土管轄權、軍權和財權，並將妨礙其他國家的利益：俄國駐華公使格爾斯對中國全權大臣李鴻章和奕劻稱，該協定僅涉及俄國和中國，中國政府不應注意外國使節可能向他們談到有關該協定的任何事情。」張之洞向外國政府痛陳俄約之害，他希望知道兩件事：①列強是否將對此事進行干涉並向俄國政府提出抗議？②英國政府是否將支持中國？

羅豐祿進一步告訴蘭士敦說，他已收到北京中國全權大臣慶親王奕劻和李鴻章發來的一份電報，內稱：「各國駐華使節曾在各種場合上說，在締訂一項集體協定之前，中國不應同任何一國簽定任何協定。更不用說它不應把任何部分領土或財權讓與任何國家，彷彿它讓與了這種權利，其他國家便可能要求讓與同樣權利。」

慶親王和李鴻章說，俄國政府已同中國駐俄公使楊儒達成所擬議的一項單獨協定。兩位中國全權大臣均不認爲該協定剝奪了中國任何部分的領土或財權，因此他們希望各國將不反對該協定，似乎若他們提出反對，便會使中俄關係決裂，那可能證明不利於列強在華利益，而且俄國對滿洲的臨時佔領就可能變成永久佔領。

蘭士敦告訴羅豐祿說，英國已注意到那個所謂的「協定」。在英方看來，那是一件很嚴重的事情，因爲所擬協議並非一個臨時性質的協議，它似乎包

〔註87〕《軍機處寄奕劻李鴻章諭旨》光緒二十七年正月初九日（2月27日），電寄檔：「奉旨：奕劻李鴻章陽電悉，俄使以此事與各國無涉，中國當置之不理，其勢固做不到，若竟將俄約延宕不辦，則三省必不願交還，各國將相率效尤，大局不堪設想，朝廷體察情形，若能乘機借力各國，以圖牽制，將必不可允者，除來電所指各款外，如第七條內將金州自治之權廢除一款一併立與辯論，但能做到勿佔據我土地勿壟斷我利權，俾各國不致藉口，或亦權宜結束之一法，著奕劻李鴻章詳加參酌，妥慎辦理，一面婉商各使，開載布公，協力勸俄相讓，勿徒與我暗中爲難，方臻妥善，仍轉電楊儒酌辦，欽此。正月初九日。」詳見：《清光緒朝中日交涉史料》卷六十，頁二十八。

〔註88〕即前述2月27日清廷電寄奕劻李鴻章諭旨，文中羅豐祿指稱2月28日諭旨，估計是奕劻李鴻章收到電報後隨即發給羅豐祿，中間有時間差。筆者注。

含建立一個並非只針對部分滿洲領土，而是包括整個滿洲和蒙古、新疆的永久保護國。

雖然英方已收到該協定的好幾種文本，但迄今尚未成功獲得其全文。英方希望能夠獲得它。英方如果採取任何行動，必須同清廷諭旨邀請調停中俄滿洲問題的其他三國（美、日、德）政府磋商應採取哪些行動。蘭士敦認為：
中國此時應盡力避免捲入這麼嚴重的一個問題，應等待它請求幫助的那些國家的答覆。

根據羅豐祿的要求，蘭士敦授權薩道義將上述內容電告清廷。〔註 89〕蘭士敦與羅豐祿所談內容基本符合事實情況，確實，英國政府通過英國駐華使領館和其他渠道獲得了多份關於中俄滿洲協定內容的情報，但迄今尚未獲得完整正文。

2 月 28 日（光緒二十七年正月十日），慶親王奕劻和李鴻章會晤日使小村壽太郎。小村詢問滿洲交收一事如何辦法，李鴻章答覆說：「現經全權大臣楊儒與俄另議約款，**尚無奪據壤地財政之意**，但未聞各國向俄廷商及此事，中國固欲早收回三省，而各國欲我與俄緩立約，何不徑告俄政府？」雙方辯論再三，小村說：「宜令各國駐使晤商各國外部，請其轉致俄廷，如不肯轉，則此事各已聲明在案，以後可免責言，如告而不理，咎亦不在華。」

奕劻和李鴻章均認為小村所言似尚近理，當日分別致電中國駐英公使羅豐祿、駐日公使李盛鐸、駐美公使伍廷芳和駐德公使呂海寰等外交官，其文曰：

> 「各國駐使先後來言，其政府囑為聲明，公約未定以前，中國不得與他國立約，若讓某國土地財政之權，另立約章，恐他國效尤，所論甚正。鴻答以何不預告俄政府？彼謂當由我駐使徑商各外部，請其轉致俄廷。
>
> 現俄已與楊使另議約款，**尚無奪我壤地財政之意**，催速核准，否則暫據將成永據，俄用兵力所得，今議交收，豈能不立約？**據公約十二款一時尚難就緒**，又豈能久待？各國睦誼素敦，未便倚眾阻擾致中俄決裂，亦非各國之利也。望善為說辭電覆是要。」〔註 90〕

〔註 89〕《英國藍皮書有關義和團運動資料選譯》，第 441～442 頁。

〔註 90〕《慶親王奕劻李鴻章來電》光緒二十七年正月十一日（3 月 1 日）到，電報檔，詳見：《清光緒朝中日交涉史料》卷六十，頁二十九。

值得一提的是，上述四名駐外使節所駐國家正是清政府請求居中調停中俄滿洲問題談判的四個國家。

3 月 1 日（正月十一日），奕劻和李鴻章致電清廷彙報情況，並稱上述做法「似即電旨『設法統籌兼顧』之意，未知果能消融無跡否」。〔註 91〕

由上述電報內容可知，李鴻章認爲俄國與楊儒另議約款**「尚無奪我壤地財政之意」**。這一錯誤認識還可從李鴻章當天致清廷的另一封電報中獲得證實，李鴻章認爲「若照俄廷約款，除第八款蒙古新疆礦路外，似尚無甚紕繆」。李鴻章在電文中稱俄使格爾斯昨日催索趕訂約款甚急，「切囑不可激俄廷之怒，致即決裂，各國詭計嘗試欲離間我兩國邦交，尤不可信。」〔註 92〕

3 月 1 日，李鴻章接到俄國財長維特密電，內稱：「請將交還滿洲條款照所索各節從速核准，現經本國用兵力所取應行佔據之滿洲始能交還，否則暫據將成久據。**我深願中朝勿信英日各國讒言**。」李鴻章認爲：「蓋其心但欲損害中國，如中國果照俄所擬條款辦理，則俄用兵力所得之滿洲仍可爲中國土地，此即俄所以報中國也。」〔註 93〕

李鴻章將維特來電內容轉奏清廷，並告誡說：「似此情形延緩，實恐誤事。各國私議全係日本領事串通各國之言，皆明證也。劉張素暱日英，易爲所動。日本亦但據報館傳播增祺旅順前約，殊爲過慮，不知此約已廢。**若照俄廷約款，除第八款蒙古新疆礦路外，似尚無甚紕繆**。」〔註 94〕從上述電報中不難看出，李鴻章基本認可維特的觀點，即：在滿洲問題上，英日等國搬弄是非，挑撥離間，用心險惡。李鴻章尤其指責日本領事串通各國外交官，致使各國紛紛對中俄滿洲協定評頭論足。但日本方面僅憑報紙消息傳播已經作廢的增阿暫約，並未掌握最新最準確的情報，純屬過分擔心。

綜合各種材料來看，李鴻章和張之洞、劉坤一兩人在很多問題上都意見相左，互相攻訐。劉張二督指責李鴻章親俄，甚至「將自己賣給俄國了」，而李鴻章則指責「劉張素暱日英，易爲所動」，雙方矛盾幾乎公開化。

〔註 91〕《慶親王奕劻李鴻章來電》光緒二十七年正月十一日（3 月 1 日）到，電報檔，詳見：《清光緒朝中日交涉史料》卷六十，頁二十九。

〔註 92〕《大學士李鴻章來電》光緒二十七年正月十一日（3 月 1 日）到，電報檔，詳見：《清光緒朝中日交涉史料》卷六十，頁三十。

〔註 93〕《大學士李鴻章來電》光緒二十七年正月十一日（3 月 1 日）到，電報檔，詳見：《清光緒朝中日交涉史料》卷六十，頁三十。

〔註 94〕《大學士李鴻章來電》光緒二十七年正月十一日（3 月 1 日）到，電報檔，詳見：《清光緒朝中日交涉史料》卷六十，頁三十。

那麼，劉張二督是如何看待中俄滿洲協定的呢？筆者暫未找到劉坤一對中俄滿洲協定的具體觀點，但張之洞後來曾致電清廷，陳述俄約各國效尤之害：

> 「一、俄路駐兵令我供房屋糧食，若效尤，則盧漢粵漢鐵路洋兵不滿中國；二、滿洲只准設巡捕不准設兵，若效尤，則京城及直隸全省皆不准設兵；三、滿洲撤臺禁炮，若效尤，則京城及直隸全省皆無一炮；四、大綱十二條原有『禁軍火』一條，前與英德使電商，須定年限。英德使覆電均云可以商辦。今滿洲另立軍火一約，與內地有礙；五、北省沿邊蒙古新疆皆不准中國及他國人開礦造路，須問俄人北邊數萬里已非我有，假如各國效尤，英於長江，德於山東，日於閩，法於滇，皆不許中國自開礦路，中國全國政治、土地、理財、行兵之權，皆為人有，且我於滿洲、西北各省准他國人開礦造路，尚是牽制維繫之策，亦不能允俄人阻斷他國之請，任其壟斷，待其吞噬，中國一線生機只在各國牽制一語，豈可自行劃斷；六、直修鐵路到京，俄有護兵而不准我設兵，此永遠危險，不待效尤。」〔註95〕

第四節　薩道義積極游說

1901年3月2日上午，在北京的外交團再次召開各國公使會議，主要討論各國聯軍在使館防禦問題上的報告。〔註96〕下午，美國談判專使柔克義拜訪薩道義，他非常興奮，因為他剛剛收到美國政府來電，指示他按照兩周前〔註97〕德使穆默、日使小村和英使薩道義曾作的那樣，對中俄滿洲協議做相同表態。他從李鴻章的外籍顧問、美國人畢德格〔註98〕那裡得知該協議已簽署，但李鴻章並不贊成它。薩道義電告英國駐南京總領事孫德雅（Sundius）去鼓

〔註95〕《軍機處電寄奕劻李鴻章諭旨》光緒二十七年正月二十五日（3月15日），電寄檔，詳見：《清光緒朝中日交涉史料》卷六一，頁十。

〔註96〕詳見本書附錄。

〔註97〕即前文所述2月16日的情況。筆者注。

〔註98〕畢德格（Pethick William N，？～1902）美國人，同治十三年（1874年）來華，任美國駐天津副領事。後因仰慕李鴻章而辭去領事職務，入李鴻章幕府，為其出謀劃策，輔助籌劃修建關內外鐵路等。畢德格熟悉漢語、法語和德語，是李鴻章重要的私人秘書、翻譯和顧問。

動兩江總督劉坤一。接著，薩道義又收到英國政府來電，內稱清廷已要求英國政府居中調停中俄滿洲問題。前天（2月28日），薩道義要求禧在明（Walter Hillier）〔註99〕前往西安，向清廷提出建議。〔註100〕

當天（3月2日），薩道義致電英國外相蘭士敦稱，關於蘭士敦2月14日電報，美國全權代表柔克義今天剛收到美國政府發來的訓令，他（柔克義）將向中國全權大臣慶親王奕劻和李鴻章提出與英國類似的警告。〔註101〕

總的來說，在清廷請求調停中俄滿洲談判的四個國家中，英國與日本政府及時響應中方的調停請求，德國次之，美國最晚。值得一提的是，從薩道義日記及中文檔案中還可以知道，此外還有其他國家參與調停，意大利政府也比較積極，但自始至終，法國政府一言不發，這令中外人士都深感奇怪。

儘管俄方已做出保證，但英國政府仍試圖鼓勵中方拒絕俄方所提要求。

3月4日，蘭士敦指示薩道義「力促李鴻章勿在在滿洲協定問題上再自行其事，直至收到清廷正式邀請居中調停之四國政府的答覆」。

薩道義隨即電告英國駐漢口總領事法磊斯稱：「李鴻章已電告中國駐英公使稱，他希望列強不要反對該協議，他認爲該協議將無損於中國任何領土權利。請將此內容通知總督（張之洞），並指出這很快將使滿洲完全處於一種某些國家（例如俄國）的被保護國狀態。通過禁止中國在蒙古和新疆（New Dominion）修路，將爲俄國日後採取類似佔領滿洲方式兼併上述地區打下基礎。在滿洲，俄方開始要求中方同意，除俄國外，任何其他列強都不得修築鐵路。」薩道義命令法磊斯盡力查明湖廣總督張之洞如何看待李鴻章的觀點，即：李鴻章認爲「若照俄廷約款，除第八款蒙古新疆礦路外，似尚無甚紕繆」、「（俄約）尚無奪我壤地財政之意」。〔註102〕

薩道義在回覆蘭士敦電報時報告說，3月2日，他向英國駐南京總領事孫

〔註99〕禧在明（Walter Caine Hillier, 1849～1927），英國外交官。1867年爲駐華使館翻譯學生。1879年任漢文副使，1880～1881年代理漢務參贊，1883～1889年任使館漢務參贊，不久調任駐朝鮮總領事。1904～1908年任倫敦皇家學院漢文教授。1908～1910年被中國政府聘爲財政顧問。著有《怎樣學習中國語文》（The Chinese Language and How to Learn it）（兩卷，1907年），《開平煤礦案節略》（Memorandum on the K'ai P'ing Mining Case）（1908）等書，並編有一部《袖珍英漢字典》（An English-Chinese Pocket Dictionary）（1910）。詳見：《近代來華外國人名辭典》，第206頁。

〔註100〕*The Diaries of Sir Ernest Satow,British Envoy in Peking (1900～1906),* p.93.

〔註101〕《英國藍皮書有關義和團運動資料選譯》，第442頁。

〔註102〕Korea and Manchuria between Russia and Japan, 1895～1904, p136.

德雅發出以下電報：「俄方就滿洲未來治理問題所擬協議將剝奪中方在該地區的主權。禁止在蒙古和新疆修築鐵路，等於將這些地區棄之不顧。該條約將開一個極壞先例，將可能導致中國分裂。你因此應敦促總督（劉坤一）去提醒中國皇帝反對它，並補充說，除非由皇帝頒佈諭旨阻止，否則李鴻章將要簽署它。」他不久便從孫德雅那裡收到以下回覆：「總督（劉坤一）已提醒皇帝拒絕批准俄國協定，他很希望英日美等國政府強力支持中方拒簽俄約。」〔註 103〕

各國外交官（含英國領事）的上述行動很快收到明顯成效。3 月 5 日，兩江總督劉坤一致電清廷，內稱：「英領面告俄約勿宜畫押並面交一函，內稱奉駐京使電〔註 104〕，近日李中堂在京與俄訂約內載滿洲應歸俄駐兵管理，復以蒙古新疆伊犁中國不得修造鐵路。此端一開，難保效尤，請飭切勿簽押。」〔註 105〕

與此同時，湖廣總督張之洞也致電清廷，內稱：「德領云接德政府覆電，中國不應另與一國立讓土地利權私約，必先守公約，將此約切實辦到，該領事復稱各國既勸中國勿另立約，盡可以各國勸阻之詞拒我，**或由中國將俄約布告各國**，請約齊向俄理論，尚冀和平了結。」〔註 106〕

收到劉張二督電報後，清廷高度重視，認爲此事關係甚重，命奕劻和李鴻章查照 3 月 1 日電諭〔註 107〕妥酌辦理，「總期保全大局，是爲至要」。至於德國領事所提將俄約布告各國之建議，清廷囑奕劻和李鴻章仔細考慮「可否給與公閱」。〔註 108〕3 月 9 日（正月十九日），奕劻與李鴻章就劉張二督電報內容覆電清廷，「英薩使常晤，並無在京與俄訂約之說，何得誑言？」言外之意是指劉坤一所言不實。此外，針對德國領事所稱「由中國將俄約布告各國，約齊向俄理論，可和平了結」之建議，奕劻與李鴻章予以駁斥：「彼蓋謂俄畏各國，不知一提各國，俄即勃然怒，若將俄約布告，怒必更甚。向例兩國議約未定稿之先，不得漏與他國，況布告耶。」〔註 109〕

〔註 103〕Korea and Manchuria between Russia and Japan, 1895～1904, p137.

〔註 104〕指英國駐華公使薩道義，筆者注。

〔註 105〕《軍機處擬致奕劻李鴻章電信》光緒二十七年正月十五日（1901 年 3 月 5 日），電寄檔，詳見：《清光緒朝中日交涉史料》卷六十，頁三十三。

〔註 106〕《軍機處擬致奕劻李鴻章電信》光緒二十七年正月十五日（1901 年 3 月 5 日），電寄檔，詳見：《清光緒朝中日交涉史料》卷六十，頁三十三。

〔註 107〕待查，筆者注。

〔註 108〕《軍機處擬致奕劻李鴻章電信》光緒二十七年正月十五日（1901 年 3 月 5 日），電寄檔，詳見：《清光緒朝中日交涉史料》卷六十，頁三十三。

〔註 109〕《慶親王奕劻大學士李鴻章來電》光緒二十七年正月十九日（3 月 9 日）到，電報檔，詳見：《清光緒朝中日交涉史料》卷六一，頁四。

3月5日，薩道義告訴日使小村說，英國外相蘭士敦勳爵已要求俄方通報滿洲條約的情況。小村則透露：2月27（或28）日，日本駐英公使已與蘭士敦交談過，並建議日英兩國政府在滿洲問題上採取聯合行動。〔註110〕當天（3月5日），薩道義向英國政府發電報傳回中俄滿洲協議〔註111〕之完整中文版的英譯文，並稱「很明顯（中文版）譯自俄文版。」內容如下：

「1、俄皇很想證明他對中國的友好感情，願意忘記在滿洲發生的敵對行爲，並將整個該地區交還中國——像以前那樣對它進行管理。

2.、根據滿洲鐵路協定第六款規定，授權該公司當局爲保護鐵路而保持部隊。然而，由於該地區目前處於騷亂狀態，而且這些部隊人數很少，所以在恢復秩序以及中國履行本協定的最後四款規定之前，必須留駐一批部隊。

3、在發生嚴重騷亂時，俄國駐軍應盡力向中國提供一切援助以鎮壓叛亂。

4、由於在最近對俄攻擊中，中國軍隊起了顯著作用，所以中國同意在鐵路築成並開始通車之前，不在（那些省份中）組建軍隊。它以後希望在當地建軍時，關於軍隊人數，應與俄國磋商。禁止把軍火輸入滿洲。

5、爲了保護該地方的利益起見，中國應根據俄國所提建議，對於任何可證明其辦事不利於維護中俄友好關係的軍官或其他高級官員，立即予以撤職。

在滿洲內地，可以組織一支由騎兵和步兵構成的公安部隊。其人數應與俄國磋商後決定；其武器不得包括大炮。關於這支部隊，不得雇傭任何其他國家的臣民入伍。

6、按照中國早前所作保證，它在華北將不雇傭任何其他國家的臣民訓練中國陸海軍。

7、爲了維護和平與秩序起見，關於（遼東半島部分）租地條約

〔註110〕*The Diaries of Sir Ernest Satow,British Envoy in Peking (1900～1906),* p.94.
〔註111〕即俄方向中國提出並限期15天簽字的最後約稿，筆者注。

第五款所規定的中立區(原注:參閱1898年3月27日簽訂的條約),附近的地方當局應起草新的專門章程。

因此,取消(1898年5月7日)專約第四款所給予中國的關於金州城的自治權。

8、在(同俄國)交界地區,如:滿洲、蒙古和通稱爲塔爾巴哈臺、伊犁、喀什噶爾、葉爾羌與和闐的新疆那些地區,如未經俄國同意,中國不得將礦產、鐵路或其他方面的特權許給任何其他國家或其臣民。如未經俄國同意,中國本身也不得在那些地方修築鐵路。

除牛莊外,中國不得將土地租借權許給任何其他國家的臣民。

9、由於最近發生的騷亂,中國有義務償付俄國軍費及其他國家的賠償要求,關於以俄國名義所提賠款總額、償付賠款的期限和賠款擔保,都將同其他國家一起協商解決。

10、由於鐵路遭到破壞和屬於鐵路公司及其雇員所有的財產遭到搶劫而應償付的賠償,以及因延緩修築鐵路而提出的賠償要求,將成爲中國與該公司之間進行協商的主題。

11、上述要求可以通過與該公司協議,部分地或整個地用其他特權抵償。許給的這些特權,將包括對以前合同做全面修改。

按照中國以前所作保證,雙方同意:可以由(滿洲鐵路)幹線或支線修築一條朝著北京方向同往長城的鐵路,其經營管理應按照現行章程處理。」〔註112〕

薩道義對此評論到:「由於第五款和第六款禁止雇傭外國人,中國的行動自由受到侵犯;第八款同其他國家可能具有的利益相矛盾,而且爲今後按照滿洲方式處理那些地區奠定了基礎;根據第十款,鐵路賠款不屬於列強的權限範圍之內。」〔註113〕

3月6日,蘭士敦致函薩道義稱當天(6日)中國駐英公使羅豐祿詢問蘭士敦:關於他上周通知蘭士敦的那三份文件,蘭士敦是否有任何答覆交給他。那三

〔註112〕Korea and Manchuria between Russia and Japan, 1895～1904,p137～139.同時參閱:《英國藍皮書有關義和團運動資料選譯》,第443～444頁。

〔註113〕《英國藍皮書有關義和團運動資料選譯》,第444頁。同時參閱:Korea and Manchuria between Russia and Japan, 1895～1904, p137～139.

份文件分別是：一、2月28日的清廷上諭，請求四個國家（美、英、日、德）進行調停；二、羅豐祿所收到的湖廣總督（張之洞）的電報，要求英國出面干涉；三、中國全權大臣慶親王奕劻和李鴻章的電報，他們在電報中建議說，繼續反對俄國的要求是無益的。

蘭士敦答覆羅豐祿說自己已同另三個被清廷請求調停的國家（美、日、德）取得聯繫，但目前他所能對羅豐祿說的是，自己很堅持此前對羅表示的那個意見，即：清政府決不能締訂那種據說正擬議中的任何協定。〔註114〕蘭士敦並未直接答覆中方第二和第三份文件。

3月7日，**英國駐俄大使史科特從聖彼得堡致電蘭士敦彙報重要情況**。當天（7日），在同俄外長拉姆斯多夫會晤時，史科特向拉姆斯多夫宣讀了蘭士敦3月4日電報中所含消息之法文譯本，但並未將其副本留下。

蘭士敦曾在電報中建議說：「爲了糾正報紙上肆意篡改過的錯誤報導給人們造成的關於那些條件之性質和意義的印象，俄國應把那些仍在同中國討論中的關於俄軍撤出滿洲條件的眞實原文通知英國政府。」拉姆斯多夫對此強烈反對。即使假定那些條件已明白確定，且他已把它們放在他面前的公文袋中，但在他看來，把談判細節通知第三者不符合兩個獨立國家進行談判的特徵。

史科特回答說，如果俄國政府不想提出通知以便消除誤解，在史科特已向他宣讀的那些話中既不包含抗議也不包含對提出這一通知的要求。英方並不依靠從報紙上獲得英國所掌握關於討論中條款的文本，但中國政府已就那些條款徵求英方的意見。英國不想對俄國政府隱瞞此事，並因爲英國完全有權這樣做，所以英方已坦率地向中國政府提出意見。

拉姆斯多夫說自己已從中方獲悉，阻止中國接受俄國條件的唯一障礙正是英國政府強烈反對。拉氏認爲，這兩件事（指中方請英國調停和中方告訴俄國說英方強烈反對）的目的是要在英俄兩國之間製造分歧，這千眞萬確。滿洲問題與列強共同對中國正進行談判的那些問題毫無牽連。俄國完全有權利爲其部隊撤出滿洲而提出條件——如果中國不接受這些條件，佔領便可持續。現在是中國政府極力要求俄國早日撤退，而非俄國強迫中國接受那些條款。

拉姆斯多夫說，德國始終瞭解這個問題應同其他談判分開，由俄國同中國締訂一項單獨協定解決。**德國外長畢魯伯爵最近重申關於滿洲的協定與德國無關**。

〔註114〕《英國藍皮書有關義和團運動資料選譯》，第444～445頁。

史科特說自己不瞭解德國的利益。俄國有權採取它願意採取的方針，這沒問題，但問題在於：中國是否有權使它自己擺脫別國的條約義務，或者當它同其他債權人談判時，它是否有權締訂長期影響其領土、政治、貿易及財政地位的單獨協定。

拉姆斯多夫說，他無意干擾這些談判或干涉他國的既得利益。但除了從俄皇所聲明意圖中可得到的保證外，他不能對史科特提出任何更明確保證。在英國議會中和英國報刊上所表現出對俄國誠意的強烈懷疑令人遺憾，並在俄國最高當局中引起極大憤怒。

史科特說英國政府對英國公眾情緒不負有責任。他們只想消除不正當懷疑，並希望俄國政府提出一項坦率且推心置腹的通知，從而幫助他們消除顧慮。〔註 115〕那麼，俄外長拉姆斯多夫向英國駐俄大使提及德國政府在滿洲問題上的態度是否準確無誤呢？筆者認爲拉氏所提信息與實際情況並不相符，或係故意撒謊，或係曲解。

史科特這份電報的部分內容也可以從薩道義的日記記載中得到印證。讓我們把目光回到北京。3 月 7 日，德國駐華公使穆默拜訪薩道義。德國政府已告訴穆默有關德國對中方請求調停的回覆，但並未指示要推動它。薩道義給穆默看了擬發給漢口英國領事法磊斯的電報草稿，也讀了薩道義收到來自蘭士敦侯爵就此問題的第一封電報的內容。

當天，美國談判專使柔克義也拜訪薩道義。柔克義透露：根據李鴻章的美籍顧問畢德格的情報內容，他（柔克義）相信**從西安發給中國駐英公使羅豐祿關於中俄滿洲協議的所謂「電旨」其實來自李鴻章**，因爲有人建議李鴻章用此方式提出，他可借機向俄方否認。〔註 116〕3 月 9 日，穆默再次告訴薩道義說自己已電告兩江總督劉坤一關於中俄滿洲協定的相同建議，正如薩道義前幾天通過法磊斯向湖廣總督張之洞提出的那樣。〔註 117〕

綜合各方信息來看，儘管德國政府也被清廷請求出面調停中俄滿洲問題，但德方態度並不太積極。

〔註 115〕《英國藍皮書有關義和團運動資料選譯》，第 445～447 頁。

〔註 116〕*The Diaries of Sir Ernest Satow,British Envoy in Peking (1900～1906),* p.95.對於柔克義的這一觀點，筆者並未找到更多中外文資料予以佐證，姑且存疑。筆者注。

〔註 117〕*The Diaries of Sir Ernest Satow,British Envoy in Peking (1900～1906),* p.95.

第五節　各方最後博弈

（一）俄使格爾斯建議將爭議條款改作專條密約

1901年3月？日（正月十？日）〔註118〕，慶親王奕劻和李鴻章致電清廷（3月8日收到）稱，當天傍晚，俄使格爾斯來訪時說俄廷電問中國何日定期畫押。奕劻和李鴻章說楊儒來電稱，應等各國政府答覆再議，各國公使也向兩人（奕劻、李鴻章）聲明不可輕許。格爾斯稱：「此事與各國無干，若向俄廷言及，必堅拒碰回，試思東省先與俄戰，俄費許多兵力，血戰傷亡若干人而得之，今一旦交還，實由我皇寬仁，外戶部立願睦誼，所訂條款再三刪減，並無礙中國主權。若謂恐他國效尤，各國現議留兵保護使館及沿途暢道，與俄約暫留兵一股同，且俄留兵尚有撤回之日。

連界各處蒙古新疆礦路不得讓他國，若前數年英議定長江利益不許讓他國，德議定山東利益不許讓他國，日本議定福建利益不許讓他國，中國皆已允行，何獨靳於俄尚慮他國效尤耶？我此來實爲交情。若置之不理，我國必有訊條，另用公文限期成議，勿嫌唐突。」

李鴻章答應將格爾斯所言電告清廷並轉電楊儒，隨即又問格爾斯有何通融辦法。格爾斯說：「若以第八款各節，第七款金州自治廢除，或改作爲專條密約，向礦路宜聲明『中國自辦不在此例』。」格爾斯還說自己不敢擅改，建議由楊儒在俄商辦。〔註119〕

3月8日（正月十八日），清廷軍機處電寄奕劻、李鴻章諭旨，內稱：「前電，格使負氣不肯相商，今格使既來面言，正可乘機向其婉商轉圜……」命奕劻李鴻章電告楊儒：「至所稱改作專條密約，恐亦難免各國藉口，總期妥協定約，保我政權利權而不致各國有詞生釁，是爲至要。」該諭旨還透露，當日（3月8日）據中國駐日公使李盛鐸電奏：「日外部言英有叱責俄廷之說，未識如何措詞。」於是，清廷命奕劻和李鴻章讓楊儒在俄國暗中打探詳情。〔註120〕

英方就中俄滿洲協定的內容向俄方提出抗議，但俄方向英方指控中方散佈被篡改的協定文本，意圖在英俄之間製造分裂。

〔註118〕具體時間不詳。

〔註119〕《慶親王奕劻大學士李鴻章來電》光緒二十七年正月十八日（3月8日）到，電報檔，詳見：《清光緒朝中日交涉史料》卷六一，頁三。

〔註120〕《軍機處電寄奕劻李鴻章諭旨》光緒二十七年正月十八日（3月8日），電寄檔，詳見：《清光緒朝中日交涉史料》卷六一，頁三。

3 月 9 日，英國外相蘭士敦致電（聖彼得堡）英駐俄大使史科特，關於史科特 3 月 7 日就中俄滿洲協定所發電報。蘭士敦指示史科特應把薩道義 3 月 7 日電報〔註 121〕中所報告之原文通知拉姆斯多夫，並向拉氏指出：如果該協定文本大致正確，似乎不可能使該協定同他所提出的、並在史科特 2 月 6 日來信中報告的那些保證調和起來，那些保證已被提交英國議會；不可能把該協定說成是暫時和臨時性質的合同，英國在華條約權利肯定受其影響。

若果眞像拉姆斯多夫指控的那樣，爲了在列強之間製造分歧，中國政府正散佈經過篡改的該協定文本，那麼，英國應請求他幫助揭露這個陰謀，並譴責那些應受譴責者。史科特可以向俄方表態：同俄國政府一起把中國人的這個可恥陰謀揭露在光天化日之下，將使英國政府感到最大滿意。〔註 122〕

3 月 11 日，在北京有一次重要會談。當天（11 日），慶親王奕劻單獨拜訪薩道義談論滿洲協議草案。薩道義指出該協議對中國有哪些不利之處。〔註 123〕奕劻說自己曾在 3 月 9 日分別會晤過俄使格爾斯和日使小村壽太郎，小村對他說了與薩道義內容類似的話。**奕劻還特別指出李鴻章與俄國關係非常密切。薩道義在日記中寫到：**英國記者吉爾樂（Chirol）〔註 124〕此前已會晤過小村。在談到中俄滿洲問題時，小村說話的口氣咄咄逼人，傾向於不惜對俄發動戰爭。〔註 125〕這次會談情況再次印證了中國兩位特命全權大臣之間確有很深的矛盾，彼此之間並不信任。

薩道義當天（11 日）便致電蘭士敦（同日收到）彙報此次會談詳情。當天（11 日），薩道義在同慶親王奕劻會晤時談到薩道義在 3 月 5 日電報中報告的那些條款可能對中國帶來的危險。**慶親王承認情況確係如此，並說他已對**

〔註 121〕即前引 3 月 5 日薩道義所發電報，3 月 7 日英國政府收到。筆者注。

〔註 122〕《英國藍皮書有關義和團運動資料選譯》，第 447 頁。

〔註 123〕即前引 3 月 5 日薩道義所發電報中稱：「由於第五款和第六款禁止雇傭外國人，中國的行動自由受到侵犯；第八款同其他國家可能具有的利益相矛盾，而且爲今後按照滿洲方式處理那些地區奠定了基礎；根據第十款，鐵路賠款不屬於列強的權限範圍之內。」筆者注。

〔註 124〕吉爾樂（Chirol, Sir Valentine Ignatius,1852～1929）英國記者，旅行家。1895 年首次來華，回國後著《遠東問題》（The Far Eastern Question）（1896）一書，以後有多次來華采訪新聞，被認爲東亞問題權威。吉氏還著有《在一個多變世界的五十年》（Fifty years in a Changing World）（1927）和《東方各國隨筆》（With Pen and Brush in Eastern Lands）（1929）兩書，實爲其回憶錄。詳見：《近代來華外國人名辭典》，第 81 頁。

〔註 125〕*The Diaries of Sir Ernest Satow,British Envoy in Peking (1900～1906),* p.96.

中國駐俄公使楊儒發出訓令，將堅決要求刪去這些條款。

薩道義告訴慶親王說，應把對滿洲鐵路的賠款同其他賠款要求做同樣處理。換言之，中俄滿洲條約不應單獨處理，而應同正在北京舉行的中外會談一起商談解決。薩道義堅決要求中方將中俄滿洲協定草案通知各國使節。慶親王答覆說，一旦中俄滿洲草約採取更明確的形式時，他希望徵求各國使節的意見。〔註 126〕

英國駐漢口總領事法磊斯奉命將薩道義答覆這份電報的觀點（argument）轉遞給湖廣總督張之洞，其內容如下：（張之洞）總督閣下曾就中國政府的處境和政策多次屈尊徵求我的意見，（我希望）足見您相信我將中國利益放在心上。因此，我斗膽向閣下建議：若接受那些條款，中國將一無所獲。接受那些條款，隨之而來的並非俄軍撤出滿洲。相反，將使俄國以中國同意爲由搪塞各國提出的反對意見，也將給中國的敵人背著各國迫使中國簽訂單獨條約提供一個絕好的藉口。如果中國拒簽條約並將其公之於眾，俄國能奈你何？它只能冒著世界輿論譴責的風險，試圖用武力去獲得那些本來通過該條約讓中國自願讓渡的權益。即使是俄國，也不敢這樣公開搶掠。該條約將給予俄國留置權（lien），或者更確切地說，是對於不僅限於滿洲而是除本土十八行省〔註 127〕之外全部中國領土的保護國（protectorate）。即使通過一場成功的戰爭，它還能獲得比這更多的利益嗎？也許它會承諾支持中國減輕其他國家所提對華條款的危害程度，然而，即使能夠履行這些承諾（在我看來，它是不能的），它所開價碼是完全同其所承諾利益相掛鉤的，更別說會導致這樣一種後果，即：法國在華南，德國、日本、意大利和英國將在中國中部或西部採取類似行動。〔註 128〕

張之洞對此觀點表示完全同意。他本人反對擬議中的中俄滿洲條約。至於李鴻章爲何如此行事？張之洞認爲李鴻章行爲的唯一解釋是他將自己賣給

〔註 126〕《英國藍皮書有關義和團運動資料選譯》，第 447～448 頁。可以參閱：Korea and Manchuria between Russia and Japan, 1895～1904, p141.

〔註 127〕內地十八省大致是清代時漢族的主要居住區。包括：江蘇（含上海）、浙江、安徽、江西、湖北、湖南、四川（含重慶）、福建（含臺灣）、廣東（含海南、香港、九龍、新界）、廣西、雲南、貴州、直隸（含北京、天津兩市，河北中、南部地區和河南、山東的小部地區）、河南、山東、山西、陜西、甘肅（含寧夏）。助記口訣：兩湖兩廣兩河山，蘇皖浙贛雲貴川，西北陜甘閩東南。

〔註 128〕Korea and Manchuria between Russia and Japan, 1895～1904, p139～140.

俄國了，換言之，為了其個人私利，李鴻章已答應支持俄方要求。〔註129〕

薩道義繼續敦促中方反對俄國。他電告漢口的法磊斯：「（你）去武昌拜訪總督，並告訴他說，中方就滿洲問題求助的列強們目前正在歐洲協商行動。

如果慶親王和李鴻章能夠奉旨向每位外交代表單獨發去一份草稿複件，並在和平會議〔註130〕上遞交書面請求，請外交代表們針對那些可能危害中國獨立的條款發表意見。當然，英國政府反對那些條款。」

但俄國對列強干涉憤憤不平。正如蘭士敦告訴薩道義的那樣，英國政府已要求俄方提供滿洲條約的文本內容。俄外長拉姆斯多夫在答覆中說，他認為在同一個國家談判時卻向第三方透露談判細節，這不符合一個獨立國家的特徵。他堅稱，中國與列強正在北京談判解決的問題同滿洲問題毫不相干，俄國有權利提出關於從滿洲撤軍的必要條件，若中國不接受，那麼俄軍將繼續佔領滿洲。

俄方的「強硬」態度在中國特命全權代表（主要是李鴻章）身上已有所體現。李鴻章告誡清廷，若「將秘密條約透露給任何其他國家，都將被視為對俄國的侮辱」。問題更加複雜化，因為除非首先獲得英國政府調停中俄滿洲問題的保證，否則，中國不敢公佈俄約的文本內容，而英國政府則希望先看到俄約文本，再決定是否出面調停。

然而，李鴻章的動機未明，引來各方猜疑。3 月 13 日，蘭士敦致信薩道義稱：「中國駐英公使羅豐祿今天（3 月 13 日）告訴我說，李鴻章的電報（羅豐祿已於 3 月 1 日遞給蘭士敦）實際上是懷著不同目標而寫成的。電報中透露的印象是李鴻章傾向於接受俄方就滿洲問題所提要求。與清廷和長江總督們一樣，李鴻章也很反對該協議，但他只是建議到，如果局勢日益明顯，這種結果不可避免，那麼中國只好接受它。」〔註131〕中國駐英公使在此洩露了中國談判代表團內部的意見分歧，不利於中國對外談判。羅豐祿其實眼光和見解頗為獨到，他點出了李、劉、張三人觀點其實是大同小異，值得重視。

各國駐俄公使們在接到各自政府的指示後，便頻頻與俄國政府交涉。中國駐俄公使楊儒也電告慶親王奕劻和李鴻章（3 月 11 日清廷收到），稱他在與俄方交涉時發現，「探得英德意各使均晤（俄）外部，未知何話。」〔註132〕

〔註129〕Korea and Manchuria between Russia and Japan, 1895～1904, p140.

〔註130〕即中外代表正在北京舉行的庚子和談，筆者注。

〔註131〕Korea and Manchuria between Russia and Japan, 1895～1904, p141～142.

〔註132〕《慶親王奕劻大學士李鴻章轉楊儒來電》光緒二十七年正月二十一日（3 月

3 月 15 日（正月二十五日），軍機處電寄奕劻李鴻章諭旨，內稱：「……頃據羅豐祿電稱，英瀾侯〔註 133〕云：現正詰俄，並商德美日，中國只須抱定四國未回信不遽畫押，俄不至別有加害，候商定辦法再告。……」〔註 134〕該諭旨還透露劉坤一和張之洞兩位總督來電的內容，涉及日英兩國舉動：「……日總領事梗電云，日外部電稱駐俄英使已向俄政府詰以此次所索約款與去年宣佈之言不符，俄答以：新約並無有礙中外條約之款，不過表明俄國願辦之事，仍可商議刪改。中國實願速行簽定，俄並無迫求畫押之意，惟聯軍未去北京之前，不願即還侵地，是俄並非以決裂爲詞逼求定約，實議和某大臣〔註 135〕謂，若望俄交還土地，必須速定此約，甚誤甚矣，務請堅拒勿允。中國如允此約，各國必至效尤，馴至瓜分而後已。是俄經英日詰問，俄亦自知理屈，與布告各國之語不符，中國不難向其商改……」

清廷據此判斷：「俄既不認催迫定約，且謂中國願速簽押，是懾於各國公議，有可轉圜之意。」於是命令奕劻、李鴻章「務須堅持定見，婉商俄使，設法從容磋磨，務臻穩協。」此外，因爲「劉坤一、張之洞屢請宣示俄約，謂此約係俄自定勒派，並無我與商訂者，無妨布告各國」，清廷認爲此言似乎有理，命奕劻、李鴻章將此約交與各國公使閱看。〔註 136〕

然而，中方不久即發現日本外交官所言似乎有誤。3 月 28 日，清廷收到慶親王奕劻和李鴻章來電，內稱：「英駐使（薩道義）並無『若允俄約，立見分裂』之說，只李使（盛鐸）述日外部有此語，亦未見確實。」俄使格爾斯態度非常強硬，「告以英日危詞，則付之一笑。」俄國對英日蔑視之情溢於言表。至於各國稱應等公約簽訂後再談滿洲問題之事，奕劻、李鴻章判斷：「至公約一節，若照現在情形，恐一年尚難竣事，非商催所能速成。」〔註 137〕中外《辛丑條約》談判與中俄滿洲問題談判互相影響，關係密切，由此可見一斑。

---

11 日）到，電報檔，詳見：《清光緒朝中日交涉史料》卷六一，頁六。

〔註 133〕中文檔案中所稱「瀾侯」指的正是英國外相蘭士敦侯爵，筆者注。

〔註 134〕《軍機處電寄奕劻李鴻章諭旨》光緒二十七年正月二十五日（3 月 15 日），電寄檔，詳見：《清光緒朝中日交涉史料》卷六一，頁十。

〔註 135〕劉張二督電文中所指「議和某大臣」似暗指李鴻章，由此更驗證了兩人同李鴻章之間存在諸多分歧，甚至互相攻訐。筆者注。

〔註 136〕《軍機處電寄奕劻李鴻章諭旨》光緒二十七年正月二十五日（3 月 15 日），電寄檔，詳見：《清光緒朝中日交涉史料》卷六一，頁十。

〔註 137〕《慶親王奕劻大學士李鴻章來電》光緒二十七年二月初九日（3 月 28 日）到，電報檔，詳見：《清光緒朝中日交涉史料》卷六一，頁三十六。

（二）俄國提出最後約稿 限15日內簽字

1901年3月12日，俄外長拉姆斯多夫在聖彼得堡向中國駐俄公使楊儒提出最後約稿，並限十五日簽字，共計11款如下：

一、大俄國大皇帝欲將待大清國大皇帝之心並保和之念，重行表明，並不念及俄連界之滿洲地方俄國良民居住各處前被攻擊，允將滿洲仍由中國自治，將該地方完全歸還中國，凡未經俄兵佔據以前之一切章程吏治，悉仍其舊。

二、查照一千八百九十六年八月二十七日俄華銀行與中國政府訂定建造開辦東省鐵路合同第六條，該鐵路公司有自行管理租歸鐵路地段之權，故准自設保路守兵，現因滿洲地方迄未切實平靖，該守兵不敷安保以後東省路工，俄政府將兵隊一股暫留滿洲，至該處地方平靖，及中國大皇帝將本約第八、九、十、十一等款所載各事辦到爲止。

三、所有俄兵其留在滿洲界內時，有遇變急，當全力幫助中國地方官彈壓及平靖地方事務。

四、此次與俄國爲敵，查有駐紮滿洲之華兵在內攻打，中國政府爲保建造並開辦東省鐵路無阻暨俄交界地方無事起見，應與俄國政府商定在滿洲兵數及駐紮地方。至禁運軍火一節，應按照各國公約辦理，其未經各國訂定之前，暫由中國政府自行禁止軍火運入滿洲。

五、中國政府欲令與俄連界之滿洲地方平靖並諸事照常，此後地方各將軍及他項大員，倘辦事不合兩國友誼，一經俄國聲請，准予調離。除東省鐵路公司所管地段外，地方各將軍可置設中國馬步巡捕兵一隊，爲彈壓滿洲內地之用。其兵力於地方未經全行平定以前，當與俄國政府會同商定。此隊巡捕兵軍械，不准用炮，供差只用中國人。

六、俄國關東租地之北，即一千八百九十八年三月十五號條約第五條訂定之隙地界內，定約兩國當委派本處地方官，會商專章，以期一切照常，地方平靖。

七、中國政府在滿洲全境內，如未與俄國政府現行商明，不允他國或他國人造路開礦及一切工商利益。

八、此次因中國滋事，俄國政府所耗實在款項，並應給各國賠款，須由中國政府一律清還。各國賠款項內，應給俄國政府之數目暨期限抵押，應與在事各國會同訂定。

九、所有東省鐵路公司所受損失，如大股鐵路被毀，該公司及各執事等產業被劫，以及遲誤造路工程，中國政府應按照各國核准駐京各使擬訂賠款意旨，與該公司商定賠償。

十、上款所載東省鐵路公司賠款，准由中國政府與該公司商定，將全數或分出若干，用他項利益抵銷，其他項利益，或酌改現行合同，或另外讓給利益。

十一、查一千八百九十八年九月二十八號中國政府向一私家公司借款，造築山海關、牛莊、新民廳至滿洲鐵路，實與中俄成約相背，現在酬報此層，並爲滿洲從速平定起見，中國政府允東省鐵路公司建造並開辦鐵路一道，或自東省鐵路某處起，或自滿洲南境支路起，至滿洲直隸交界處之長城爲止，照現行東省鐵路合同訂定各款，一律辦理。

俄方既提出最後約稿，限於 1901 年 3 月 26 日（光緒二十七年二月初七日）畫押，且不准更改一字，楊儒將其電達北京。北京情形益爲龐雜。在李鴻章之意，改稿已爭回不少，再加磋磨即可定議。而日英德美各國極勸勿簽俄約，劉坤一、張之洞等阻簽俄約之電如雪片飛來。清廷不能決策，蓋以拒俄恐激俄怒，肇不測之禍；簽約又恐各國效尤，成豆剖瓜分之局，惟囑相機因應。故雖詔旨繽紛，均不得要領之談。楊儒迭請晤見拉姆斯多夫與維特，均拒不接見，蓋謂惟有到期畫押，無須面商也。而清廷別無長技，惟有哀乞。〔註 138〕

俄國提出最後約稿後，中方誠惶誠恐。3 月 15 日，薩道義再次拜訪慶親王奕劻談論滿洲問題。慶親王透露說楊儒已告訴俄外長拉姆斯多夫說，他（楊儒）寧願離開彼得堡並要求清帝更換公使，也不願意簽署提議的條約。拉氏因此說他將和俄軍統領庫羅帕特金及財長維特協商此事。

薩道義安慰慶親王說，中國不要害怕俄國會中斷談判。若慶親王立場能

〔註 138〕王芸生：《六十年來中國與日本》（第四卷），第 115 頁。

夠堅定，那麼，有損中國主權的那些條款將被取消。英國政府目前正措辭強硬地在聖彼得堡與俄國交涉。接著，薩道義分析其他三國（德、美、日）在此問題上立場。儘管從其處境來講，德國不能採取強硬方針，但它在滿洲問題上有很大利益；而美日兩國都是海上強國，將堅決反對俄國獨霸滿洲的行為。〔註 139〕

3 月 17 日（正月二十七日），清廷電寄奕劻李鴻章諭旨，指出俄國所提最後約稿尚需修改之處〔註 140〕，並稱「限期過迫，倉卒定議，英日美等國尚無回信，仍難免藉詞效尤，應再婉商展限」。〔註 141〕

當天（17 日），薩道義向英國政府彙報一份秘密情報稱，李鴻章的主要助手周馥（Chou-fu）已通知他說，俄國政府已就滿洲協定做了以下修改，「這似乎很令中方滿意」：

> 「在滿洲，俄國將既不干涉中國官員的任免，也不干涉當地徵收關稅或釐金。
>
> 關於蒙古和新疆的條款將被刪除。
>
> 只有在照會俄方後，中國才能將滿洲的採礦和鐵路特權讓與他國。
>
> 俄方取消有關中國海陸軍雇傭外國教官一事的條款。
>
> 在金州的中國地方當局仍然保留。
>
> 必須在十四天內簽署該協定，然後才能將其內容公之於眾。」

〔註 142〕

薩道義補充說，他已從可靠渠道得知，俄方將不再要求牛莊鐵路，但仍堅稱它有權從滿洲鐵路修建一條支路抵達長城。〔註 143〕很明顯，周馥是奉李鴻章之命前去與薩道義晤談的，而薩道義所稱「這似乎很令中方滿意」，其中的「中方」特指李鴻章。

除了李鴻章的心腹幕僚通知外，薩道義還從其他各國公使處獲知不少情

〔註 139〕*The Diaries of Sir Ernest Satow,British Envoy in Peking (1900～1906),* p.97.

〔註 140〕詳見附錄中筆者所做表格。

〔註 141〕《軍機處電寄奕劻李鴻章諭旨》光緒二十七年正月二十七日（3 月 17 日），電寄檔，詳見：《清光緒朝中日交涉史料》卷六一，頁十三。

〔註 142〕Korea and Manchuria between Russia and Japan, 1895～1904, p142.

〔註 143〕Korea and Manchuria between Russia and Japan, 1895～1904, p142.

報。3 月 18 日，清廷接到慶親王奕劻和李鴻章來電，彙報楊儒與各使接洽情況。「據楊使（儒）敬電，羅使（豐祿）覆稱沙侯〔註 144〕云德美日尚無覆音，伍使（廷芳）覆稱（美）外部云已電告各駐使婉商，未便過強。呂（海寰）李（盛鐸）覆未到，探問俄外部，告英使云『俄現商交地章程未變宗旨，並無詰責』之語，問答已登路透報。昨晤美使，據云政府前致中國公文謂如許一國利益爲中國危，曾將此文錄送俄外部，儒密詢伊看法如何。據云各詰俄須預備決裂，中外尚未修好，欲邃爲中國出力以敵俄大難……」奕劻和李鴻章在電文中建議清廷：「現約款既經刪改，若必待各國排解，恐俄未必再讓，轉多一異日之酬勞，不可不慮。」〔註 145〕

3 月 18 日，日使小村拜訪薩道義，他隨身攜帶中俄滿洲條約的修改草案。薩道義發現小村對該草案仍然不滿意。〔註 146〕值得一提的是，薩道義當天的日記並未透露太多信息，只能從後文中推測。

3 月 19 日，薩道義去拜訪李鴻章，從李那裡得到許多有關滿洲條約的消息，這證明昨天（18 日）日使小村壽太郎告訴薩道義的內容是正確的。**薩道義勸李鴻章千萬不要簽署滿洲條約的最後一款**〔註 147〕**，因爲這將使中國承認自己違反了一項協議**。**李鴻章說他自己迫切希望能延緩十至十二天**，以便能去掉這個和其他令人不快的特徵，否則，其他列強將紛紛傚仿俄國謀取中國利益。應李鴻章之要求，薩道義答應將李的這一請求電告英外相蘭士敦侯爵。李鴻章說他將命令中國駐俄公使楊儒盡力向俄方爭取延期十餘天。薩道義觀察到，李鴻章起初十分沉默，但後來逐漸敞開胸懷了。**李鴻章說他發現俄使格爾斯其實並無權力同意任何事情，只知道生氣和著急**。

李鴻章抱怨薩道義派領事法磊斯去漢口告訴張之洞說李已簽署這份中俄協議。李鴻章讓薩道義明白：李並非中俄滿洲問題的談判者。起初，此事確由慶親王奕劻和李鴻章負責，但現在是由清廷主導一切，清廷並不會總是徵

〔註 144〕即英國首相索爾斯伯里侯爵，筆者注。

〔註 145〕《慶親王奕劻大學士李鴻章來電》光緒二十七年正月二十八日（3 月 18 日）到，電報檔，詳見：《清光緒朝中日交涉史料》卷六一，頁十三。

〔註 146〕*The Diaries of Sir Ernest Satow,British Envoy in Peking (1900～1906)*, p.97.

〔註 147〕該條內容爲：「查 1898 年 9 月 28 日中國政府向一私家公司借款，造築山海關、牛莊、新民廳至滿洲鐵路，實與中俄成約相背，現在酬報此層，並爲滿洲從速平定起見，中國政府允東省鐵路公司建造並開辦鐵路一道，或自東省鐵路某處起，或自滿洲南境支路起，至滿洲直隸交界處之長城爲止，照現行東省鐵路合同訂定各款，一律辦理。」筆者注。

求李的意見。薩道義回答說自己並未讓法磊斯那樣做，因爲儘管全北京都在謠傳此事，但薩道義已電告英國外相蘭士敦侯爵說自己並不相信。薩道義還向李鴻章透露：中國駐英公使羅豐祿最近拜會了蘭士敦，並說中方代表（慶親王奕劻和李鴻章）希望英國及其他各國政府出面調停滿洲問題，次日卻說不是中方代表而是清廷希望列強出面調停。這在一定程度上印證了此前美國談判專使柔克義的判斷，即：李鴻章僞造清廷諭旨。但筆者尚未能從中文材料中找到佐證資料。

李鴻章說中國駐德公使呂海寰也來電稱德國因其陸地邊界而不能干涉，但英日兩國就處境完全不同。薩道義認爲這很嚴肅地回應了自己幾天前（3 月 15 日薩道義曾見過奕劻）告訴慶親王奕劻的內容，即：勸中國不要擔心俄國政府強迫簽署滿洲協定。〔註 148〕此前，3 月 15 日（正月二十五日），清廷曾電寄電寄奕劻李鴻章諭旨，內稱：「……據（中國駐德公使）呂海寰電稱，各使倘肯公同調停，則公約速結再商俄約乃爲上策，聞德索兵費三百兆馬，如西四月以前兵不能撤，尚須加增……」〔註 149〕這在一定程度上印證了李鴻章對薩道義透露的內容。4 月 1 日（二月十三日），也就是清廷拒簽俄約後不久，軍機處電寄奕劻李鴻章等諭旨，內稱：「（中國駐德公使）呂海寰電稱，據德外部爲中國計，俄約仍應在京公商未妥，京俄兩約本非一事，盡可同時並議，但俄約不宜混入京約，致京約延宕，倘俄約辦至畫押，或同時或先後均可等語，各國來電均願早定公約，德廷亦如此持論，足見公約不可緩議……」清廷命奕劻和李鴻章「迅即切商各使，務先將公約趕緊商定。」〔註 150〕值得一提的是，中國駐德公使呂海寰所彙報的德國政府在中俄滿洲問題上之態度與前引俄外長拉姆斯多夫對英駐俄大使史科特所言截然相反，或作證了俄外長在此問題上撒謊。

3 月 19 日，薩道義向蘭士敦彙報說，中俄滿洲協定中的第六款〔註 151〕已被取消。至於其餘條款，薩道義逐一介紹：

〔註 148〕*The Diaries of Sir Ernest Satow,British Envoy in Peking (1900～1906)*, p.98.同時參見：Korea and Manchuria between Russia and Japan, 1895～1904, p144.

〔註 149〕《軍機處電寄奕劻李鴻章諭旨》光緒二十七年正月二十五日（3 月 15 日），電寄檔，詳見：《清光緒朝中日交涉史料》卷六一，頁十。

〔註 150〕《軍機處電寄奕劻李鴻章等諭旨》光緒二十七年二月十三日（4 月 1 日），電寄檔，詳見：《清光緒朝中日交涉史料》卷六二，頁八。

〔註 151〕即拉姆斯多夫所提約稿 12 條中第 6 條：「照中國前允成議，中國北境水陸師不用他國人訓練。」筆者注。

第四款：關於中國在滿洲的軍隊人數及軍事據點，中國應與俄國共同決定。根據中國與列強之間簽訂的條約，禁止輸入武器彈藥。同時，中國也必須禁止這樣做。

第五款：任何督撫或其他高級官員，只要是被俄國指控曾在影響外交政策的事件中犯有不當行爲，就必須立即移交。中國可以保持擁有步兵和騎兵的警察部隊，但須同俄方商議其規模數量。然而，在東省平定之前，該部隊不能擁有大炮，且僅能雇傭中國人。

第七款：根據租借遼東半島條約第五條的規定，在中立地區的地方行政當局將制定一系列適合當地環境的規章制度。

第八款：除非事先諮詢俄方意見，否則，中國不能向任何國家（及其臣民）出讓滿洲境內修築鐵路和開礦等特權以及商業優勢。

第十款：根據各國公使達成的並由各自政府批准同意的原則，將被用於調整對破壞鐵路及鐵路公司員工的私人財產的賠償金額，以及誤工造成的損失。

第十二款：中國違背了此前中俄協定。原協定規定，利用從私有公司借款，直接修築一條鐵路進入滿洲（從山海關到牛莊和新民廳）。在 1898 年 9 月 28 日，中國對此作出補償，將此項權利讓渡給東清鐵路公司（the East China Railway Company）在直隸省和滿洲邊界處擴建一條枝路至長城腳下。

其餘條款則沒有修改，和初稿內容一致。〔註 152〕

那麼，薩道義的這份情報是否準確呢？值得認眞研究。這份情報具體來源尚不知曉，但根據期間薩道義的會客情況分析，筆者認爲，可能來自日使小村壽太郎，也可能來自中國全權大臣李鴻章。

3 月 19 日，薩道義同李鴻章再次舉行會談。英國駐華公使館代理中文秘書傑彌遜詳細記錄了兩人會談情況：

「正式會談前就有很多先期辯論。

李鴻章盡力提煉列強關於這些建議的意見。直到瞭解關於中俄滿洲問題談判已進行到何種程度的更多細節，薩道義才提醒他。

〔註 152〕Korea and Manchuria between Russia and Japan, 1895～1904, p143～144.

李鴻章說他不可能在尚未簽訂前就洩露一項外交協定的條款內容，這有違外交禮儀。俄國也強烈反對同外界談論此事。中方曾建議將協議草稿在北京公示給各國使節，但俄方對此表示反對。

當被問及最初協定中頗有爭議的條款是否已被修改時，李鴻章承認它們已被修改。①有關在蒙古、新疆索取排他性權利的條款被放棄。②在中國北部訓練陸海軍時禁止雇傭非俄國人的條款也被刪除。③在山海關和牛莊之間的鐵路延伸線將被移交給中國。④俄國計劃單獨修建一條鐵路連接其鐵路系統，直達長城腳下。〔註 153〕

薩道義說他明白伴隨後一條款（指劃線內容，筆者注）而來的是，俄國宣稱這是對『同一個私人公司簽署合同以在長城外修建鐵路線』這種行爲的懲罰，簽署這種合同意味著違反了此前協定。

薩道義問以前是否存在任何類似協定？李鴻章很尷尬地解釋說，所謂『協定』其實是俄國單方面提出的主張（pretension），說中國在和英中公司（the British and Chinese Corporation）簽署合同時違反了此前的諒解（understanding）。俄國時常強調這點，但中國從未予以承認。中國傾向於承認自己曾同意不在長城外修建鐵路。此外，該合同曾獲得英國政府的審核，故不能稱之爲私人的。

薩道義說，在他看來，若中國對該聲明簽字的話，她（中國）將使自己大失面子。李鴻章對此觀點表示贊同，但發現他自己處境艱難，俄國已通過武力佔領滿洲，它願意將滿洲還給中國，但自然希望得到一些利益作爲回報。中國願意盡可能地滿足俄方條件，但現在被迫在具體細節尚未得到充分討論時就簽約。針對條約草案來說，其整體是中國和其他列強都難以反對的，但有一兩個細節尚需修改，其中最重要的是包含了對中國不講信用的指控。然而，俄國認爲其已達到能夠對華讓步的極限，正是由於對華友好的態度，才使得俄皇減輕了原來提出的條件。

俄國不能從其現有立場上後退，已成『騎虎難下』之勢。格爾斯正施加最大壓力，但李鴻章發現俄國政府似乎對格爾斯隱瞞了一

〔註 153〕李鴻章在此向英方透露了中俄滿洲協定最後約稿的四項修改之處，筆者注。

些關於俄國在聖彼得堡所做的讓步。〔註 154〕李鴻章曾滿懷希望地認爲，假以時日，滿洲問題將得到妥善解決。然而，俄國要求在六天内簽署條約，時間太短了。因此，李鴻章想知道薩道義能否勸英國政府向俄國提出抗議，指出英國已收到一份報告，内稱中國被迫承認陳述虛假事實。很明顯，這對於中國來説很不公平。同時暗示説該合同的執行受到俄國政府的審核批准。最令李鴻章放心的是他已獲得英國公使（薩道義）的保證説他（薩道義）將把此層意思電告英國政府。

當被問到「如果這一條款（clause）被取消，該協議是否就無可挑剔？」時，李鴻章説還有一兩處希望能夠修改。「因爲他擔心按現在形式保留這些條款，將對其他列強樹立壞榜樣。」李鴻章並未明説究竟是哪些條款，但他認爲，如果能夠延期十天（甚至更多），那麼，中國駐俄公使楊儒就能解決滿洲問題。若不能延期，那麼中方利益將受損。當被問及「如果中國在最後期限前未簽署條約，將有什麼後果」時，李鴻章説中俄談判將終止，且條約草案被撕毀。薩道義接著問「是否是俄國首先建議將滿洲歸還中國」。李鴻章對此予以確認。薩道義説這就充分證實了自己此前聽到的消息，即：正是因爲發現自己不能有效地統治滿洲，俄國才迫不及待地想甩掉這個包袱。薩道義認爲，只要中國能夠堅持得更久，就能發現所有威脅都不過是一句空話而已。李鴻章似乎並不贊同此觀點。〔註 155〕

在和薩道義這次重要會談後，李鴻章立即電奏清廷彙報，稱自己「囑（英）薩使向俄廷商刪末條『有背中俄成約』十二字〔註 156〕，並代請展限。」李鴻章明顯沒有將自己與薩道義私下交流的東西全盤稟告清廷，他也不敢那樣做。清廷軍機處 3 月 21 日（二月初二日）覆電讚賞此做法，並分別電令中國駐英、美、日、德等國公使請求各國外交部致電俄國政府，代請展限。「如俄能展限，如天之福；若竟不允，能再商改，不使各國藉口一刻。倘二者均不能行而限已到，惟有請全權定計，朝廷實不能遙斷也。」〔註 157〕

〔註 154〕這大概就是俄使格爾斯對李鴻章強硬的原因，筆者注。

〔註 155〕Korea and Manchuria between Russia and Japan, 1895～1904, p145～147.

〔註 156〕原文如此，不知「十二字」如何算出，筆者注。

〔註 157〕《軍機處擬致奕劻李鴻章電信》光緒二十七年二月初二日（3 月 21 日），電寄檔，詳見：《清光緒朝中日交涉史料》卷六一，頁二十一。

3 月 20 日（二月初一日），清廷軍機處電寄奕劻李鴻章諭旨，稱俄約畫押期限迫近，若能再商請照改最好。既然奕劻李鴻章來電稱「照現改之約，似不至遺禍」，可由兩人自主決定。「惟英瀾侯曾有候其回信之語，仍恐各國藉口將謂私行定約，似能明告英及各國以俄已和平商改，又定限期甚迫，中國勢處萬難，不能不允，庶知照在先，較之不告即畫稍妥。」〔註 158〕

3 月 20 日，英國外相蘭士敦密電告訴薩道義一份從日本人那裡獲得的、關於滿洲協定第六和第七款略有差別的版本。蘭士敦從日本駐英公使林董獲悉，儘管滿洲協定的措辭已較前版有所緩和，但無論從內容本身還是中俄背著各國秘密談判這一事實來看，日本政府均視修訂版秘密協定最爲危險，因爲中國正在北京和包括俄國在內的各國代表進行談判。這種單獨談判事實上將削弱中國滿足其他列強所提條件的能力，也違背列強協商一致的原則。

日本政府希望英國政府能和日本聯合起來，建議中國不要簽署修改後的協定。日方認爲若英日（可能還有德國）等國政府果眞提出這種建議，將非常有效。蘭士敦答覆林董說，英國早已警告中國不要單獨和某一國家簽署協議，英國政府將再次重申該警告。英方也勸告中國不要簽署修改後的協議草案。

蘭士敦要求薩道義通過長江總督們（劉坤一和張之洞）向中國政府提出必要的警告和建議。若薩道義覺得有必要，還可將上述信息告訴中國全權代表慶親王奕劻李鴻章。〔註 159〕

3 月 20 日，蘭士敦侯爵還致函薩道義稱，蘭士敦當天（20 日）向中國駐英公使羅豐祿重申自己過去對他提出的那些意見，像蘭士敦在 2 月 15 日給薩道義信中所說的那樣，意思是說：**英國政府認爲，當同所有列強集體進行談判時，與外國簽訂單獨協定對中國政府來說是一個危險源泉。**

蘭士敦告訴羅豐祿說，雖然英國政府知道俄國政府已同意在滿洲協定原文中作某些修改，但英方認爲，若列強不完全瞭解詳情，中國絕不應簽訂該協定。〔註 160〕

〔註 158〕《軍機處電寄奕劻李鴻章諭旨》光緒二十七年二月初一日（3 月 20 日），電寄檔，詳見：《清光緒朝中日交涉史料》卷六一，頁十六。

〔註 159〕Korea and Manchuria between Russia and Japan, 1895～1904, p147.

〔註 160〕《英國藍皮書有關義和團運動資料選譯》，第 448 頁。同時參見：Korea and Manchuria between Russia and Japan, 1895～1904, p147～148.

3月20日，英國駐上海總領事璧利南〔註161〕致電蘭士敦（次日收到）稱，在長江總督們（張之洞和劉坤一）的請求下，根據中國政府訓令，盛宣懷要求璧利南電告蘭士敦說，還有六天中國就將被迫批准滿洲協定。盛宣懷請求英美德日等國出面干預，達到延長期限之目的，以便修改有關民政管理、中國在滿洲駐軍、俄國獨佔的貿易權和通往長城的鐵路等條款。〔註162〕

3月21日，蘭士敦回電璧利南稱，關於3月20日電報，蘭士敦必須說明：已於3月20日給英國駐華公使薩道義發出訓令，命他通過兩江總督劉坤一和湖廣總督張之洞向清政府重申已向中國提出過的警告（不得同個別國家簽訂單獨協定）。並勸總督們說，即使經過修改的中俄協定也不得簽訂。蘭士敦同時透露說，日本政府已提出類似勸告。〔註163〕

3月22日，英國駐漢口總領事法磊斯向薩道義彙報中俄滿洲協定的修訂條款，其中，第1～4款沒有變化，其餘各條如下：

第五款：如果俄方抱怨某位中國官吏，無論其官職高低，都將被調離滿洲。滿洲境內警察和保安的人數應與俄方商定，他們不能攜帶武器，且僅能雇傭中國人訓練警察或保安。

第六款：若無俄國同意，不能將滿洲境內鐵路、開礦、工業或商業權利讓與外國人。除了牛莊，不能租借任何地方給其他國家。

第七款：與原第九款相同。

第八款：滿洲鐵路公司及其員工所遭受的損失應該與其他列強索賠損失同等對待。

第九款：與原第十一款相同。

第十款：由於中國違反了此前關於修築牛莊鐵路的條約，作爲補償，根據滿洲鐵路相同的條款，俄方可以修建一條通向北京的鐵路直達長城，起點既可以是滿洲鐵路主路，也可以是任何一條枝路。〔註164〕

〔註161〕璧利南（Brenan Byron,1847～1927），英國領事官。1866年，來華爲使館翻譯學生，1870～1880年，代理漢務參贊；1898～1901年任駐上海總領事，1901年退休。著有《中國地方行政長官衙門》（The Office of District Magistrate in China）（1899，上海）一書。詳見：《近代來華外國人名辭典》，第56頁。

〔註162〕《英國藍皮書有關義和團運動資料選譯》，第449頁。

〔註163〕《英國藍皮書有關義和團運動資料選譯》，第450頁。

〔註164〕Korea and Manchuria between Russia and Japan, 1895～1904, p148.

3 月 23 日，英國駐滬總領事璧利南致電蘭士敦（同日收到）稱，璧利南今天（23 日）看了盛宣懷所收到朝廷自西安發來的一份電報。璧利南從中推測：萬一在俄國強佔滿洲時，如果其他國家保證不中斷目前在北京的談判，並最終從北京撤軍，那麼，中國政府將願意承擔拒簽滿洲協定的風險。盛宣懷還向璧利南透露：3 月 26 日是俄國強迫中國簽訂該協定的最後期限。〔註 165〕

璧利南也向薩道義彙報了相關情報：「盛宣懷向我（璧利南）解釋說，清廷擔心俄國佔領滿洲會成爲其他列強佔領直隸的藉口。在盛宣懷看來，如果能在這點上獲得令人滿意的保證，那麼，中國將會拒簽俄約。但是如果中國拒簽帶來的後果是失去滿洲，並被其他列強佔領直隸，那麼，『兩害相權取其輕』，中國只好簽約。」〔註 166〕

3 月 20 日，清廷頒佈諭旨，請求英國政府「**或是幫助中國政府擺脫困難，或是要求延長俄國爲簽訂該協定所規定的時間**」。3 月 21 日，中國駐英公使羅豐祿向英國外相蘭士敦呈遞了清廷諭旨。對此，英國政府 3 月 23 日答覆說，延期並無好結果，對中國來說，簽訂這種協定很危險。關於英國政府應幫助清廷擺脫困難的建議，英國政府已通過英國駐上海總領事璧利南得到清廷的一項通知，得知**清廷最希望獲得的乃是一項保證，即：如果中國拒絕簽訂該協定而俄國因此佔領滿洲，其他國家仍將最終自北京及京畿地區撤軍，並將繼續進行和平談判**。蘭士敦保證：**萬一發生所說那種情況，英國政府不會中斷和平談判**。當別國一旦撤軍時，除了那些留駐北京或京畿以保衛使館安全的軍隊外，英國政府便準備撤軍。〔註 167〕蘭士敦警告中國公使羅豐祿說，如果中國締訂有害英國利益的單獨協定，英國必須考慮要求從中國獲得什麼補償。〔註 168〕

對於羅豐祿與蘭士敦的這次晤談，在中文檔案中能找到對應材料。3 月 26 日，清廷收到奕劻李鴻章轉來羅豐祿電報，內稱：「查羅使述英瀾侯覆函三節，內稱：展限而不能將窒礙字句刪去，仍屬無用……」〔註 169〕

羅豐祿隨即向中國全權大臣彙報此事。3 月 25 日（二月初六日），清廷電

〔註 165〕《英國藍皮書有關義和團運動資料選譯》，第 450 頁。

〔註 166〕Korea and Manchuria between Russia and Japan, 1895～1904, p148.

〔註 167〕《英國藍皮書有關義和團運動資料選譯》，第 451～452 頁。

〔註 168〕Korea and Manchuria between Russia and Japan, 1895～1904, p149.

〔註 169〕《慶親王奕劻大學士李鴻章來電》光緒二十七年二月初七日（3 月 26 日）到，電報檔，詳見：《清光緒朝中日交涉史料》卷六一，頁三十二。

寄奕劻李鴻章諭旨稱：「據（中國駐英公使）羅豐祿電稱，英瀾侯云不畫俄約，無論俄如何舉動，英當以公論相助，仍可在京商定公約，順直亦必屆時退還。又函稱各國駐使先後向中國聲明公約未定以前，中國不得與他國議立專約，如將英國應有權利奪去，英必向中國取償等語，似此則先定公約爲是。」清廷命李鴻章婉商各國公使，務將公約〔註 170〕詳細節目迅速磋磨就緒，先行議定。「至俄約關係各國權利各節，亦須摘出請各使公議評斷，以便向俄商改，方免各國藉口效尤，如俄因專約未定怒不允定公約，即將瀾侯各語切懇各使婉勸俄使，勉從眾論，俟公約定後，即議專約。此約不致遽畫，實因各國牽阻之故，請俄格外原諒。萬一俄怒竟欲將前告各國不占中國土地之文收回作廢，亦意中事，務當預懇各使，請其勸阻，萬勿承允。」〔註 171〕

當天，清廷還電告奕劻和李鴻章，指出「俄約緩畫，實因各疆吏及英日等駐使紛紛立阻」，命兩人「向格使告以英日之危詞，各疆吏之力諫，將朝廷爲難之處剴切剖明。」若實在沒辦法，可嘗試求助於美國或曾舉辦過國際裁軍會議的荷蘭。〔註 172〕很明顯，清廷對此抱有不切實際的幻想，綜觀整個交涉過程，美國所起作用有限，而荷蘭根本不值一提。

3 月 23 日，薩道義致電蘭士敦侯爵稱，總督（？）〔註 173〕已通過其秘書（向薩道義）聲明：中國駐俄公使楊儒來電稱俄國外交部已斷絕和他來往，並原封不動地退回外交函件。清廷對此十分恐慌，因此，在他看來，除非列強在未來三四天內干預並要求延期簽署，否則在 14 天期限到來時，清廷很可能接受滿洲協定。〔註 174〕

在中俄滿洲問題談判上，中國全權大臣奕劻和李鴻章始終處於進退兩難之境地，3 月 22 日（二月初三），兩人致電中國駐俄公使楊儒，「請其明告英及各國駐使勢處萬難，不能不允，一面即酌量籌畫押。」電報發出後不久，日使小村壽太郎又來力勸李鴻章等人勿簽俄約。李鴻章問：「逾限不畫，俄必決裂，將何以處？」小村說：「各國應起而責言於俄。」李鴻章再問：「責言

〔註 170〕指正在北京舉行的中外和談，筆者注。

〔註 171〕《軍機處電寄奕劻李鴻章諭旨》光緒二十七年二月初六日（3 月 25 日），電寄檔，詳見：《清光緒朝中日交涉史料》卷六一，頁二十七。

〔註 172〕《軍機處擬致奕劻李鴻章電信》光緒二十七年二月初六日（3 月 25 日），電寄檔，詳見：《清光緒朝中日交涉史料》卷六一，頁三十二。

〔註 173〕暫不知是指張之洞還是劉坤一，待查。

〔註 174〕Korea and Manchuria between Russia and Japan, 1895～1904, p149.

而俄不理，將若何？」小村說：「以後事不可知。」李鴻章在隨後致清廷之電文中痛斥小村「姦猾可惡」。當天傍晚，俄使格爾斯又去李鴻章寓所傳遞俄外交部發來的訓條：「逾期不畫押，東省永遠不還，以後遇事俄亦不能助華。」李鴻章請求俄方酌情修改條款後再簽字，但被格爾斯拒絕。李鴻章無奈，只好妥協，但請求「畫押後各國責言，俄當助我」，格爾斯唯唯而去。〔註 175〕

3 月 24 日（二月初五日），清廷電寄奕劻、李鴻章和楊儒諭旨，內稱：「昨（23 日）據各督撫及各駐使紛紛電奏，皆以堅持不畫押爲害較輕。昨又具國書懇俄展限酌改，總以不背公約，各國不致藉口爲斷，亦未據楊儒覆奏，朝廷細思不遽畫押，僅只激怒於俄，畫則群起效尤分據，其禍尤速。」命令奕劻李鴻章分告在京各國公使「中國不敢遽允俄約畫押，請先議公約」，同時命楊儒在聖彼得堡將中國爲各國所迫情形婉告俄外交部，「非展限改妥、無礙公約不敢行畫押，請格外見諒。」〔註 176〕

3 月 24 日，薩道義前往拜會日使小村壽太郎，告訴他有關盛宣懷撒謊之事。盛宣懷曾散布消息說薩道義已通過英駐南京領事孫德雅和駐漢口領事法磊斯分別通知劉坤一和張之洞，稱滿洲協議令人滿意。薩道義還告訴小村說，李鴻章仍然希望緩期十至十二天再指示楊儒簽署俄約。李鴻章曾問薩道義是否已收到英國外相蘭士敦侯爵有關緩期簽約之事的回覆。薩道義說暫時沒有，一旦收到將速派人通報。〔註 177〕

3 月 27 日，清廷收到奕劻和李鴻章來電稱：「頃，日本小村使來述其（日本）外部電勸俄廷勿損中國主權，勿礙他國利益。滿洲事請歸併北京會議後再行訂定，與李使（盛鐸）歌電語意相同，似尚實心幫助，較英美尤爲出力，未知俄廷能否採納，並屬楊使隨時晤商駐俄日使珍田，探詢一切……」〔註 178〕奕劻和李鴻章對日本在滿洲問題上的態度認識有誤，認爲日本「似尚實心幫助，較英美尤爲出力」，甚至令楊儒與日本駐俄公使隨時溝通情報，這不啻於與虎謀皮。

小村晤談走後不久，俄使格爾斯又來威逼奕劻李鴻章速簽俄約，兩人答

〔註 175〕《慶親王奕劻大學士李鴻章來電》光緒二十七年二月初五日（3 月 24 日）到，電報檔，詳見：《清光緒朝中日交涉史料》卷六一，頁二十七。

〔註 176〕《軍機處電寄奕劻李鴻章楊儒諭旨》光緒二十七年二月初五日（3 月 24 日），電寄檔，詳見：《清光緒朝中日交涉史料》卷六一，頁三十。

〔註 177〕Korea and Manchuria between Russia and Japan, 1895～1904, p*149.* 另見：*The Diaries of Sir Ernest Satow,British Envoy in Peking (1900～1906),* p.100.

〔註 178〕《慶親王奕劻大學士李鴻章來電一》光緒二十七年二月初八日（3 月 27 日）到，電報檔，詳見：《清光緒朝中日交涉史料》卷六一，頁三十五。

覆說：「日本使今早來稱其政府已電俄廷，云照現約中國主權已失，各國權利亦失，勸再商改。」格爾斯說：「日本所言即是貴國家與群臣之意，如爲所惑，必不畫押，日本及各國必乘機侵奪，只得便宜，望中朝堅持定見，體念我皇帝寬厚之度，顧全兩國多年睦誼，勿再挑剔，致誤全域……」奕劻李鴻章隨後致電清廷建議：「日本電俄必不見聽，於事無濟，若不切實電令畫押，俄必決裂，禍患即在目前。」〔註 179〕格爾斯認爲中日串通一氣，共同對俄施壓，但俄方始終不爲所動。

第六節　清廷最終拒簽俄約

在各方力量博弈下，清廷最後決定不簽俄約。1901 年 3 月 24 日（二月初五日）西安電旨，直至 3 月 26 日才由盛宣懷轉到俄都聖彼得堡，上諭曰：「俄約關係重大，迭經諭令奕劻、李鴻章、楊儒，熟權利害輕重，妥籌辦理，迄未據切實覆奏。昨據各督撫及各駐使紛紛電奏，皆以堅持不畫押爲害較輕。昨又具國書，懇俄展限酌改，總以不背公約，各國不敢藉口爲斷。亦未據楊儒覆奏。朝廷細思，不遽畫押僅只激怒於俄，畫則群起效尤分據，其禍尤速。即著該王大臣等分告在京各使，中國不敢遽允俄約畫押，請先議公約，並著楊儒婉告俄外部，中國爲各國所迫情形，非展限改妥、無礙公約，不敢遽行畫押，請格外見諒。」

接奉電旨後，楊儒命翻譯陸徵祥將電旨譯送俄外交部。拉姆斯多夫聞訊憤甚，謂「現在無話可說，中國自看以後情形可也」。〔註 180〕

3 月 27 日（二月初八日），清廷電寄奕劻李鴻章諭旨，內稱：「英瀾侯『既有各國駐使向中國聲明公約未定以前，不得與他國議立專約』之語，奕劻李鴻章必早知之。當日亟應先行商定公約。今呂海寰電稱德外部亦云『俄約須由各駐京使公議。至公約，德自能在京照常辦洽』。」清廷至此已打定主意，「惟有切實商懇，在京先定公約後再議專約爲最妥。」〔註 181〕

3 月 28 日（二月初九日），清廷再次電寄奕劻李鴻章諭旨，內稱：俄約「不

〔註 179〕《慶親王奕劻大學士李鴻章來電二》光緒二十七年二月初八日（3 月 27 日）到，電報檔，詳見：《清光緒朝中日交涉史料》卷六一，頁三十五。

〔註 180〕轉引自：王芸生《六十年來中國與日本》（第四卷），第 122 頁。

〔註 181〕《軍機處電寄奕劻李鴻章諭旨》光緒二十七年二月初八日（3 月 27 日），電寄檔，詳見：《清光緒朝中日交涉史料》卷六一，頁三十六。

獨英日力勸，謂一經畫押，德即先犯山東，各國亦將別據。即德亦言，如有專約牽涉中國財力，斷不坐視，俄若決裂公約，德自能在京照常辦洽。美亦咨我，謂各使在京言明公約未定之前，不應與一國立專約。英瀾侯謂中國如畫俄約，危險已極，如關英國權利，必向中國取償，是一經畫押各國群起分裂，各駐使皆歷歷言之。」清廷命李鴻章「務當於萬難之中力任其難，設法向俄婉商，仍以先定公約再議專約，勿坐視決裂爲要。」〔註 182〕

3 月 28 日，薩道義電告英國外相蘭士敦侯爵稱，昨天（27 日）〔註 183〕收到英國駐南京總領事（孫德雅）來電說兩江總督劉坤一 3 月 28 日收到中國駐日公使李盛鐸來電稱：日本政府已照會俄國政府，要求俄方撤銷針對滿洲所提的各種要求。清廷同時電告劉坤一稱，朝廷不打算和俄國簽署任何協議。

根據英國駐漢口代理總領事法磊斯來電，薩道義得知清廷已電諭中國全權代表慶親王奕劻和李鴻章，嚴令他們不要簽署滿洲協定。

薩道義已將上述兩份電報內容電告英國駐日公使竇納樂。〔註 184〕

在拒簽俄約後，清廷非常擔心俄國退出北京談判，致使中外和約簽署遙遙無期。3 月 30 日（二月十一日），軍機處單獨致電慶親王奕劻，稱「俄如決裂，不知究竟作何舉動」，命其打探俄方動靜。同時透露，「合肥〔註 185〕意涉偏重俄仍不以爲然，朝廷意惟有仰賴大力維持其間，婉商各國早定公約，並勸合肥勉從現在辦法，以圖補救，如俄怒而抽出不與公約，只須各國有定議後再緩商俄事，公約實屬目前急務。」〔註 186〕清廷深知李鴻章與俄關係甚好，故暗中囑咐身爲滿清皇族的奕劻多加注意。

數日後（？）〔註 187〕，英國駐漢口總領事法磊斯致函薩道義，講述湖廣總督張之洞之秘書梁某來訪的情形，內容如下：

正如我（法磊斯）3 月 27 日電報中所說，梁先生〔註 188〕曾寫

〔註 182〕《軍機處電寄奕劻李鴻章諭旨》光緒二十七年二月初九日（3 月 28 日），電寄檔，詳見：《清光緒朝中日交涉史料》卷六一，頁三十八。

〔註 183〕原文如此，筆者注。

〔註 184〕Korea and Manchuria between Russia and Japan, 1895～1904, p149～150.

〔註 185〕指李鴻章，筆者注。

〔註 186〕《軍機處擬致奕劻電信》光緒二十七年二月十一日（3 月 30 日）電寄檔，詳見：《清光緒朝中日交涉史料》卷六二，頁四。

〔註 187〕具體時間不詳。

〔註 188〕此人具體姓名不詳，疑是梁誠（1864～1917），他曾是張蔭桓的幕僚兼好友，後來擔任過中國駐美公使。薩道義的日記中曾提及梁誠。筆者注。

到：清廷已嚴令中國全權代表不要簽署滿洲條約。他現在告訴我說，皇帝確曾授權李鴻章，如果他確信這種條約將無害於中國，他可以憑自己判斷行事。且李鴻章已致電中國駐俄公使楊儒命其簽署。但長江總督們致電警告楊儒：如果簽署條約，他將有生命危險。因此，楊儒很高興地猶豫良久，以便總督們及其朋友們能夠說動朝廷。大約在 3 月 20 日，清帝命其駐俄公使（楊儒）向俄皇轉遞一份國書，解釋中國迫切想保持與俄國的友好關係，但在當前中國和作爲整體的列強正在北京談判背景下，也不能忽視其他列強「不能和任何一個國家單獨簽約」的警告。

俄國外交部拒收清廷國書，爲了避免進一步責任，中國駐俄公使現在彙報稱自己病得很厲害。在截止日期前兩天，俄國外交部問中國駐俄公使館是否接到清廷命令簽署條約。從此，俄方再無消息。在聽取武昌、南京、福州和廣州等地總督們以及安徽、山東、山西（Shenxi）等地巡撫們的陳述後，清廷現在要求他們想法說動那些強烈反對該條約的列強去阻止俄國中斷雙邊友好關係或採取敵對行動。

我提醒梁先生說，**您（薩道義）並不認爲在該協定問題上中國有任何與俄關係破裂的危險**。他說總督本人並非很擔心，但覺得有必要平復清廷因國書被俄皇拒收而產生的緊張情緒。張之洞總督想知道，（如果特別請求的話，）英國是否願意將清廷國書內容轉達給俄國沙皇？我向梁先生指出，在我向您（薩道義）和蘭士敦侯爵彙報此事之前，**英國政府反對任何可能暗示中國與俄國單獨簽約的行動。**

梁先生解釋說，總督擔心萬一俄國做得太過分，以至於無法不失尊嚴地退步，因此，總督迫切想獲得英國政府的建議，**在當前危機中應採取什麼合適行動來阻止清廷在痛苦中被迫向俄方投降，並將中國從（拒簽俄約將導致的）痛苦中拯救出來。**

我向他建議到，正如您（薩道義）3 月 8 日建議的那樣，將俄約文本並附上中國的觀點向各國在華公使們傳遞，這將向列強證明中國政府的行動。梁先生說，在強大壓力下，清廷可能會採取這種行動，但他傾向於認爲：**要求採用一項各國公使們能在北京會談上考慮將滿洲歸還中國的總體條款也能產生相同作用，並可以讓俄國從現有立場上有臺階可下**。他告訴我說，日本要求將該協議提交給北京談判桌上來討論，俄國對此強烈反對，稱儘管俄國很渴望和日本就此問題達成協議，但它不承認在滿洲問題上歐洲列強（含日本）有任何關係。

他補充說，清廷非常害怕俄國，以至於總督張之洞認爲，絲毫不要指望中國（當然中國也很渴望這樣做）將滿洲向列強開放，除非列強強迫中國這樣做……

我再次表示我看不懂李鴻章這樣做（主張簽署俄約）的理由，梁先生提醒我**注意張之洞總督是如何評價李鴻章的虛榮和自重的**，並建議我從以下事實中尋找合理解釋，即：**在李鴻章由廣東北上抵達北京參加會談過程中，其他各國公使都抵制李抵達北京，只有俄國駐華公使格爾斯對他百般照顧並極度奉承**。李鴻章也曾向清帝彙報說，他告訴格爾斯說中國當然希望獲得俄國支持，以緩解其他列強的壓力，俄使在告別時對他確認此點。〔註189〕

這是一份內容豐富的備忘錄，從中我們可以得出以下幾點：一，清廷授權楊儒可以簽署俄約，但劉張二督警告楊儒勿簽，否則將有生命危險；二，俄國拒收國書，令清廷很擔心，張之洞想請英國政府替中國向俄皇呈遞國書，但英方拒絕；三，薩道義認爲拒簽俄約，不會導致中俄關係破裂，所以中國根本不必擔心；四，張之洞和薩道義都認爲俄國在滿洲問題上已成「騎虎」之勢，進退兩難，爲了顧及其臉面，各界應該爲俄國找個臺階下。

三天後（？）〔註190〕，法磊斯向薩道義彙報其與張之洞會面的情況。張之洞「對英國在當前危機給予中國支持的衷心感謝，也表示了他對聽從所給建議的個人憂慮。」

「然而，幾乎不可能克服李鴻章持續地嚴厲警告俄國險惡企圖帶給清廷的焦慮情緒。李鴻章努力使清廷相信：俄國將中方向其他列強通報擬定協議內容的行爲視爲開戰理由（casus belli）。**總督本人並不認爲有必要向外界通報滿洲協議內容**，對於所有友好國家來

〔註189〕Korea and Manchuria between Russia and Japan, 1895～1904, p151～152.
〔註190〕具體時間不詳。

說，這早已不是秘密。對他來說，在北京舉行的中外會議上向列強代表通報該協議文本內容，將暗示經過修定版協議或被接受。然而，英國和其他列強早已警告過中國，只要總條約尚在談判協商之中，就不要同任何單獨國家簽約。更重要的是，**儘管已被俄方修改過，但協議草案仍充斥著易遭反對的條款，不可能有令人滿意的修改結果**。中國將面臨困難重重：被剝奪選擇外籍顧問和助手及開發自身資源的權利，中國官員在滿洲任職卻需由俄國人之喜惡來決定。

正如 3 月 22 日長江總督致電中國駐英公使羅豐祿所說的那樣，（擋住義和團瘋狂的）中國南部和東部諸省份已準備好接受由列強調停中俄滿洲問題。但清廷如此之膽小，以至於不敢授權將屈從於俄方所擬之協議付諸各國公使裁斷，就擔心此舉會引起俄國激烈舉動。由李鴻章轉交的俄國聲明稱，若接受其修訂版建議的條款（term）太過分，俄國將擱置滿洲撤軍問題。**對張之洞來說，這似乎指明了一個擺脱困境的辦法：如果俄國自己要求對列強妥協，這也將挽回俄國人的顏面**。他認爲應忽略該協定，只要求北京的各國公使們將如何解決滿洲問題納入和平會議的考慮範疇。這樣一來，俄國將不會受到指責，也找不到任何藉口向中國濫施淫威。張總督確信，只要英國政府能批准其建議，他和兩江總督劉坤一就能夠從清廷獲得聖旨，命令中國特命全權代表（奕劻和李鴻章）向各國駐華公使們遞交必要的官方請求……

張之洞評論說，俄國很狡猾，其聲明根本就不可信。李鴻章一直告誡清廷稱俄國不會聽從列強的決定，也沒有哪個國家眞敢反對俄國。

我提醒他說，在俄土戰爭後，雖然俄國獲勝，但它還是被迫接受列強在柏林所作安排。〔註 191〕

〔註 191〕1877～1878 年，沙俄與奧斯曼土耳其帝國爲爭奪勢力範圍爆發第十次俄土戰爭。1877 年 4 月 24 日，俄國向奧斯曼帝國宣戰。1878 年 1 月 30 日，俄軍在斯科別列夫統率下，兵臨奧斯曼帝國首都君士坦丁堡城下，3 月 3 日，雙方在聖斯特凡諾正式簽訂條約，承認羅馬尼亞和塞爾維亞獨立，保加利亞則成爲俄國管轄下的自治國家。該條約引起英、奧等國強烈不滿，俄國被迫與列強重定《柏林條約》，對《聖斯特法諾和約》進行重大修正：大保加利亞變成小保加利亞；博斯普魯斯海峽仍不對俄國軍艦開放。俄羅斯在巴爾幹的影響張之洞問我：日本是否會被俄國所打動？俄國曾公開宣稱想和日本更和睦地協調行動。我說，據我個人判斷，日本將不會背離列強的集體行動。對此，張之洞表示強烈同意。**他更懷疑德國的政策，儘管德國也曾建議中國不要單獨締約。同樣，他對法國在此問題上沒有任何消息感到很奇怪。**無論對錯，法國都將支持俄國嗎？我只能宣佈我個人意見，即：德法兩國將和其他國家一道，致力於合理解決整個中國的問題。〔註192〕

這份情報內容也很豐富，首先印證了前份情報中提到的一個觀點，即：張之洞（和薩道義）認爲俄國在滿洲問題上已是「騎虎難下」，爲了顧及俄國之臉面，各界應該幫俄國找個臺階可下；其次，張之洞和法磊斯也分析了日、德、法三國政府在中俄滿洲問題上的立場。

4月4日，清廷收到奕劻李鴻章來電彙報中外和談情況：「現在屢催各使商訂公約，正議辦租界、賠款、停考及懲辦外省各員諸事，窺各使意旨不因俄事致將公約延擱，如賠款確有把握，約計三四月內似可撤兵……務期早定公約，以維大局。」同時談到中俄滿洲協定問題：「至俄約勢成騎虎，可否由朝廷諭請他國出爲調停，以冀轉圜，探悉俄使尚與議公約，斷不至下旗回國，遽行決裂……」〔註193〕看來，清廷最爲擔心的結果並未出現，俄國並未退出正在北京舉行的中外和談，其「紙老虎」本質彰顯無遺。

4月？日，日本駐華公使小村壽太郎拜訪奕劻和李鴻章。小村透露：「滿洲俄迫公議，謂所訂條款本係暫時章程。」此外，奕劻李鴻章還獲悉：「歐洲各公使接俄政府來電，俄有滿洲同時撤兵之語。」〔註194〕

4月5日，英國外相蘭士敦從倫敦緻密電給薩道義，稱「俄國政府並不打算再堅持簽署滿洲協定」。在當天給薩道義的另一份電報中，蘭士敦指出「清廷的力量在於靜待事態發展」。當天，俄國駐英大使雷薩爾向英國外交部遞交

受到遏制，它向地中海方向發展海軍力量的企圖再次落空。它只收回克里米亞戰爭中割讓出去的領土。《柏林條約》還規定土耳其將塞浦路斯劃割給英國，而波斯尼亞和黑塞哥維那則改歸奧匈帝國統治。

〔註192〕Korea and Manchuria between Russia and Japan, 1895～1904, p152～153.

〔註193〕《慶親王奕劻大學士李鴻章來電二》光緒二十七年二月十六日（4月4日）到，電報檔，詳見：《清光緒朝中日交涉史料》卷六二，頁十二。

〔註194〕《慶親王奕劻大學士李鴻章來電》光緒二十七年二月二十一日（4月9日）到，電報檔，詳見：《清光緒朝中日交涉史料》卷六二，頁十六。

一份通知，內稱：「關於中俄滿洲協定，俄國政府已不打算繼續進行談判，但等待事態發展，仍忠實於他們從開始以來便已採取的那個計劃。」雷薩爾詳細說明俄國對華所處的特殊地位：它曾受到中國攻擊並被迫佔領滿洲，很想使這種佔領迅速結束，不可能把爲達該目的而欲簽訂的特別協定提交給各國駐華公使。〔註 195〕當然都是冠冕堂皇之詞，顛倒是非黑白。

中國既拒簽俄約，依清廷之設想，必將激怒俄國而興不測之禍。實則帝俄之威脅純屬「紙老虎」，彼固不能犯眾怒而與中國決裂也。

4 月 6 日，俄廷發表宣言，聲述自庚子事變以來俄對中國之種種「好意」以及各國之種種爲難，言下對各國深致不滿。最後聲明條約暫作罷論，交還滿洲之事亦俟中國有強固政府時再提。一場國際大交涉至此暫告一段落。

4 月 6 日，薩道義在日記中寫道：「(美國談判全權代表）柔克義今早得知俄國使館已中斷和中國全權代表的全部聯繫，並退回中方所有信件。柔克義想知道格爾斯是否會退出北京談判。然而，德國駐華公使穆默和我（薩道義）隨後接到電報稱，俄國已經以一種『高貴』方式放棄整個談判，將等待時局發展。」〔註 196〕

然而，4 月 7 日，薩道義向英國政府彙報來自漢口的消息，內稱：清廷已接到李鴻章電報稱，俄外交部威脅：除非簽署滿洲協定，否則俄國不再像以前那樣支持中國對抗其他列強所提要求，且俄國將成爲列強中最狠的一個。李鴻章說這是中國的最後機會。但英國政府早已向清廷指出：這一威脅正好證明沒有發生戰爭的危險，且中國並未從俄國所謂「支持」中有任何收穫。**總督張之洞希望來自俄國的消息將賦予清廷以勇氣，而非恐懼。**〔註 197〕

〔註 195〕俄駐英大使館送交備忘錄內容如下：「若干時候以前，俄皇政府同中國就達成一項協議問題進行了談判，目的是爲了當情況一旦許可時，能夠著手逐步實現俄國所表示的將滿洲歸還中國的意圖。顯然，由於抱著這個目的，必須要知道在某一天是否有可能同中國政府一起確定撤出該省時所依據的那些條件。從我們已得情報看來，在目前情況下，這種性質的協定不但無助於提供俄國對華具有友好感情的明顯證據，反而可能引起中國的嚴重困難。因此，俄皇政府內閣不僅不堅持同中國政府締訂該協議，而且甚至拒絕就此問題繼續進行談判；由於毫不動搖地堅持他們自開始以來所執行的計劃，他們將冷靜地等待事態發展。」詳見：《英國藍皮書有關義和團運動資料選譯》，第 452 頁。

〔註 196〕Korea and Manchuria between Russia and Japan, 1895～1904, p154.同時參閱：*The Diaries of Sir Ernest Satow,British Envoy in Peking (1900～1906),* p.102.

〔註 197〕Korea and Manchuria between Russia and Japan, 1895～1904, p154.

4月9日，蘭士敦致電薩道義，透露一份來自中國兩江總督劉坤一的電報，內稱：在抵抗俄國壓力方面，「靠著英國政府的道義支持」，清廷已拒簽滿洲協定。結果，「俄國外交部和財政部已通知中國駐俄公使稱，由於中國受到英日等國的挑撥離間，中俄之間友好關係必須終止，且滿洲將不得不變成俄國的一個省。」〔註198〕直到這時，蘭士敦仍在猶豫：「在當前時刻，如果按照總督（劉坤一）所建議的那樣，英國向俄國政府抗議這種要求，是否還能得到什麼利益？」〔註199〕劉坤一的這份電報說明兩點：①中國地方督撫與各國政府有直接聯繫，有的甚至關係密切；②證明英國在中俄滿洲問題談判中起了關鍵作用。

4月17日，在倫敦與英國外相蘭士敦晤談時，俄國駐英大使雷薩爾「對於滿洲協定導致困難重重深表遺憾，他說俄國政府之所以向清廷提出滿洲協定，只是爲了能夠結束對滿洲的佔領。在他看來，這種佔領將被迫無限期地延長」。〔註200〕雷薩爾的說辭照例是冠冕堂皇，同時又含有威脅意味。

中方拒簽俄約推遲了俄國從滿洲撤軍的任何可能性。然而，來自俄國的壓力（更確切地說是俄國對滿洲的佔領）激怒了其他外國人。八國聯軍司令、英國將軍西摩爾向薩道義抱怨說，既然滿洲當地局勢已經平靜，俄軍佔領港口城市牛莊的必要性已不復存在。因此，西摩爾建議：「由於其過去的保護並祝賀其成功，俄國政府可能謙虛地達成了目標，這使得不再有必要繼續耗費俄國的軍事資源。」〔註201〕很明顯，西摩爾之所以這樣「恭維」，也是讓俄國人在滿洲問題上有臺階可下。

第七節　俄約暫罷留禍端

綜合來看，整個中俄滿洲問題談判可分成幾個階段：從1900年10月展開中外談判到1901年9月7日《辛丑條約》簽訂，算是第一階段。期間，中俄滿洲問題談判主要集中在1900年11月至1901年4月。而從1901年5月至9月7日《辛丑條約》簽訂前，相關外交活動雖然漸趨平靜，但仍不時

〔註198〕Korea and Manchuria between Russia and Japan, 1895～1904, p154.
〔註199〕Korea and Manchuria between Russia and Japan, 1895～1904, p154.
〔註200〕Korea and Manchuria between Russia and Japan, 1895～1904, p154～155.
〔註201〕Korea and Manchuria between Russia and Japan, 1895～1904, p155.

泛起餘波。

1901 年 7 月 4 日，薩道義向倫敦彙報了另一封來自英國駐牛莊領事祿福禮的信函內容，詢問是否該做些努力誘使俄國人從牛莊港口（營口）撤退。祿福禮在信中說：「我絲毫不懷疑，若無外部刺激，俄國人對該港口的佔領將盡可能延長。」〔註 202〕

但當時正值中外代表在北京就賠款等問題進行緊張談判協商，英國外相蘭士敦侯爵並不想明顯惡化英國政府之處境。正如他 7 月 15 日「私下地」電告薩道義的那樣：「務必謹慎，不能承認我們已發誓要讓俄國撤出滿洲。」〔註 203〕這說明英國政府的基本戰略是決不能容忍俄國獨霸滿洲，但表面上又不能與俄國撕破臉皮。

1901 年 8 月 5 日下午，加特雷爾（Gatrell）拜訪薩道義。薩道義指示他設法弄清楚李鴻章和俄國就滿洲問題談判有何進展。〔註 204〕加特雷爾是薩道義雇佣的一位收集和處理情報信息的重要參謀，他熟悉中外局勢，曾擔任侵華英軍將領葛士利的翻譯，講一口流利的北京話。薩道義給他的報酬是每月 350 美元。（詳見薩道義 1901 年 6 月 10 日及 21 日的日記，筆者注。）8 月 31 日，薩道義與美國駐華公使康格晤談。康格說美國政府已指示他打探各國公使們針對俄國繼續佔領牛莊之事有何意見。〔註 205〕

9 月 7 日，中國和列強代表終於簽署「和平」協議（即《辛丑條約》），正式結束雙方戰爭狀態。在過去 11 個月內，針對懲罰滿漢戰爭罪犯、賠款和利益分配等諸多問題，列強內部爭吵不斷。現在，他們終於可以聚焦俄國在滿洲的地位問題。就在簽約當天，薩道義秘密致函蘭士敦，系統回顧俄國佔領牛莊之事。信中指出，俄國當局著眼於未來數年，已爲牛莊地方當局制定一項財政計劃。爲此，美日英三國公使決定聯手干涉俄國在當地的行爲，同時排除德國參與的可能性。〔註 206〕

眞是「一波未平，一波又起！」圍繞滿洲問題以後掀起的陣陣波濤，最終將日俄兩國拖入戰爭漩渦，而中國成爲日俄戰爭的戰場和犧牲品，英國則

〔註 202〕Korea and Manchuria between Russia and Japan, 1895～1904, p155.

〔註 203〕Korea and Manchuria between Russia and Japan, 1895～1904, p155.

〔註 204〕*The Diaries of Sir Ernest Satow,British Envoy in Peking (1900～1906),* p.128.

〔註 205〕Korea and Manchuria between Russia and Japan, 1895～1904, p155.

〔註 206〕Korea and Manchuria between Russia and Japan, 1895～1904, p155～156.

選擇與日本結盟，最終深深捲入日俄戰爭，薩道義在其中仍然發揮了重要作用。此乃後話。

第八節　小結

在中外談判《辛丑條約》期間，圍繞著滿洲交收事宜，中俄之間進行了頻繁的外交談判。滿洲問題交涉綿延數年之久，可分爲多個階段，其中，在庚子和談期間的 1900 年 11 月至 1901 年 4 月可謂第一階段。這段時間正是庚子和談的關鍵時期。在北京的中外庚子和談（奕劻、李鴻章與 11 國代表）與主要在聖彼得堡（楊儒與維特、拉姆斯多夫）、北京（奕劻、李鴻章和格爾斯）和滿洲（增祺與阿列克賽耶夫）進行的中俄滿洲問題談判互相影響。

綜觀整個中俄滿洲問題談判，列強中最重要的三個國家（俄國、日本和英國）均深度介入其中，綜觀各方材料，無論是薩道義日記和信函，還是英美日等國外交檔案都可以佐證這一歷史事實。滿洲問題談判的直接當事國是中俄兩國，但英日兩國深度介入，中國曾邀請英美德日四國政府居中調停中俄滿洲問題談判，其中，英國和日本積極介入，而美國和德國則各懷鬼胎，並未「眞心介入」。值得注意的是，在整個過程中，始終看不到另一重要大國法國的身影，這可以從薩道義日記、信函和中方檔案中得到印證。

沙俄對華侵略野心頗大，利用與中國領土接壤的便利性，在出兵參加八國聯軍侵略中國華北的同時，還以保護滿洲俄國鐵路爲藉口出兵佔領中國滿洲，企圖趁機實現其所謂的「黃俄羅斯」計劃。俄國在遠東地區更大的野心在於染指中國滿洲和朝鮮半島，以期在未來與日本的戰略競爭中占得先機。

英國在中俄滿洲問題談判中非常積極，英國政府指示其駐各國使節積極行動，打聽各方消息，命令英國駐俄大使多次直接和俄國外交部交涉。英國駐華公使薩道義在此問題上表現積極，作用明顯。他從英國《泰晤士報》記者莫理循那裡獲得重要情報，同時頻繁和各國駐華公使互通消息，並命令英國駐漢口和南京的領事分別聯絡湖廣總督張之洞和兩江總督，既獲取兩位總督的態度，也瞭解遠在西安的清廷和在北京的中國全權大臣慶親王奕劻和李鴻章的態度。與此同時，薩道義還直接與奕劻李鴻章溝通交流，有時甚至舉行密談。

和英國一樣，日本也自始至終均深度介入中俄滿洲問題談判。他們很擔心中俄簽署滿洲協定，因爲這將嚴重威脅日本的在華利益，甚至危及日本的所謂「生命線」。日本駐中、英、俄等國外交官積極打探情報，互通消息，並在其他國家外交官中「播弄是非，挑撥離間」，甚是積極。但令人遺憾的是，日本所獲情報並非最新最準確，這在一定程度上影響了日本在中俄滿洲問題談判上的政策準確性。

1901年4月7日（光緒二十七年二月十九日），清廷收到奕劻和李鴻章來電稱，在滿洲問題上，「前英、美、日、德、奧、義、墨以勿與俄訂專約來告，法獨無言。畢使謂他們瞎鬧，與法何干？知其與俄交厚，屬電政府並電裕使〔註207〕赴外部諄託，未知果見聽否。」〔註208〕就連湖廣總督張之洞在跟英國領事法磊斯密談時，也對法國政府在中俄滿洲問題談判上沒有絲毫消息感到很奇怪。〔註209〕

4月19日（三月初一日），清廷軍機處單獨致電慶親王奕劻，轉述劉坤一張之洞電文內容。「據江鄂兩督來電云，四國勸阻俄約，僉謂宜歸公議，我自宜專候公斷，將前約置之不議，斷無糾纏舊約再行畫押之理，即路有刪改仍難出其圈套，各國前聞中國不允俄約，願聽公斷，同聲欣慰，若將來忽去已允吳王畫押，則是前功盡棄，各國必怒我不納善言，欺瞞暗允，群起分據。現德索山東礦地包括甚廣，法兵堅欲晉兵退至固關，大意在直隸境內，不准留兵，萬一俄約一允，則直境效尤，盧漢鐵路皆設法兵，近路之礦皆爲法有，明係德法偵知俄約，有人主持，必歸於盡，趁此安根。……」〔註210〕這充分說明德法等國想傚仿俄國，趁火打劫，謀取私利，並無哪個強國會「眞心」替像中國這種弱國的利益著想。「落後就要挨打！」這是我們從悲慘屈辱的百年近代中國史中得到的深刻教訓！

至於八國聯軍中的意大利和奧匈，這兩國純屬「打醬油」角色，基本可以忽略不計。

列強內部矛盾重重，但中國內部也並非「鐵板」一塊，官員之間分化嚴重。整體來說，基本上可分爲中國特命全權大臣慶親王奕劻和李鴻章一派和

〔註207〕指中國駐法國公使裕庚，筆者注。

〔註208〕《慶親王奕劻大學士李鴻章來電一》光緒二十七年二月十九日（4月7日）到，電報檔，詳見：《清光緒朝中日交涉史料》卷六二，頁十三。

〔註209〕Korea and Manchuria between Russia and Japan, 1895～1904, p152～153.

〔註210〕《軍機處擬致奕劻電信》光緒二十七年三月初一日（4月19日），電寄檔，詳見：《清光緒朝中日交涉史料》卷六二，頁二十。

以兩江總督劉坤一和湖廣總督張之洞爲代表的所謂「開明」地方實力派。無論是在北京的庚子和談中，還是中俄滿洲問題談判中，都可以看到兩個陣營中明顯的意見分歧。然而，即使是慶親王奕劻和李鴻章，兩人也並非完全一心。奕劻是滿清皇族，雖位高權重，但能力和威望均遜於李鴻章。清廷曾多次單獨致電奕劻，徵求其意見或命其留意李鴻章。〔註 211〕清廷對滿漢重臣們之間的分歧和矛盾瞭如指掌，在一定程度上說，或許這正是清廷想看到的結果，這延續了自滿清入主中原以來對漢族官員的不信任之傳統。只是到了清末局勢發生很大變化，爲了鎮壓農民起義而不得不「重用」諸如曾國藩、左宗棠、李鴻章等漢族官員，但對漢族重臣始終很防範。

1901 年 4 月 19 日（三月初一日）清廷曾單獨電告奕劻稱，「合肥立意聯俄，由來已久，不免多方遷就，究竟所復吳王之電曾否與尊處預商。此事關係甚重，現在公約未定，不便遽行詰問。惟望存之於心，一俟公約議定，即應趕緊設法斡旋，或將俄約密告英日兩使，請其與各國公評，以免後患。」這裡指的是奕劻和李鴻章之間的矛盾。至於李鴻章和張之洞、劉坤一兩人之間的矛盾，清廷在同一份電報中指出：「至江鄂兩督，皆經奉旨會商和議，據云數月以來，全權從無相商之事。雖欲獻議，亦若於後時不及。」〔註 212〕

清末中外談判，君臣不能同心，將帥不能同心，朝臣不能同心，又怎能爲民族和人民的利益而盡忠賣命？何況在當時並沒有所謂「國家」、「民族」和「公民」等概念，有的只是王朝利益和帝王將相等概念，他們維護的只不過是愛新覺羅家族和私人的利益罷了。

〔註 211〕《軍機處擬致奕劻電信》光緒二十七年二月十一日（3 月 30 日）電寄檔，詳見：《清光緒朝中日交涉史料》卷六二，頁四。

〔註 212〕《軍機處擬致奕劻電信》光緒二十七年三月初一日（4 月 19 日），電寄檔，詳見：《清光緒朝中日交涉史料》卷六二，頁二十。

第七章　薩道義與其他問題談判

第一節　薩道義與修改商約稅則問題談判

1900年10月1日，在上海逗留期間，薩道義曾與中國海關副總稅務司、英國人裴式楷會談。裴式楷認爲，修改稅則和其他商業問題應在恢復和平談判條約時一起提及。隨後將談判簽訂單獨商約。日本人很可能會同意修改稅則。〔註1〕這次會談讓薩道義初步瞭解中國的財政狀況和各國對華政策，有助於其後來開展談判。考慮到英國在華商業利益，英國政府首先提出修改商約，並同其他問題談判綁定。

在離開北京倉皇西逃時，清廷曾頒佈諭旨懲辦涉案官員，並命令清軍剿殺義和團，同時任命慶親王奕劻和李鴻章爲全權大臣負責與各國談判。慶親王和李鴻章很希望各國聯軍盡早實現停火和撤軍，於是在徵求中國海關總稅務司赫德的意見後，向列強提出中方談判條件，其中之一就是「修改條約，以重商務」。〔註2〕

10月23日，薩道義拜會時任日本駐華公使西德二郎，得知中方提出希望聯軍盡快停火的三個建議〔註3〕，其中之一是：如有必要，應修改現有商約。這正中薩道義下懷，因爲這將給英方實現目標提供一個好機會。〔註4〕

〔註1〕*The Diaries of Sir Ernest Satow,British Envoy in Peking (1900～1906),* p.26.

〔註2〕《清光緒朝中日交涉史料》卷五八，頁二十三。

〔註3〕另外兩個建議是談判之前應先停止軍事行動和外國軍隊撤出北京，以便清廷回鑾。詳見：*The Diaries of Sir Ernest Satow,British Envoy in Peking (1900～1906),* p.37.

〔註4〕*The Diaries of Sir Ernest Satow,British Envoy in Peking (1900～1906),* p.37.

事實上，中方所提建議本身就帶有很深刻的英國烙印，因爲中方是在赫德幫助下擬定對外談判條件，而赫德的英籍身份注定他不可能「公允地」爲中國辦事。

10 月 26 日，薩道義首次以英國駐華公使兼對華談判代表的身份參加外交團內部會議，並提出英方的主張。會後，薩道義與德使穆默會談，穆默同意薩道義的兩個建議〔註 5〕，其中之一是在法國政府所提六點要求的基礎上再加入一條款，用以保證在以後條約中規範商業行爲。〔註 6〕

在 10 月 28 日外交團會議上，意使薩爾瓦葛建議控制中國財政以保證賠款順利償還，美使康格提出要開闢北京爲國際通商口岸。薩道義自抵達北京後與上述二人關係很好，並在立場上相近。三人在外交團內部互相支持，尤其薩道義對意使薩爾瓦葛更是全力支持，這主要是爲了贏得意大利和美國政府的支持，以便順利通過英方修改商約的計劃。除了外交團內部會議上的正式會談外，三人還有過多次私下交談，互通消息，溝通立場。

10 月 29 日，在與美使康格會談時，薩道義再次建議修改商約。〔註 7〕10 月 31 日，外交團會議取得很多進展。最後，薩道義建議在 11 月 5 日召開外交團會議討論商業事務。〔註 8〕薩道義隨後提供給康格一份自己關於商業問題的建議、意使薩爾瓦葛關於賠款本息支付的擔保和貸款問題的建議。康格給薩道義讀了自己收到的美國政府指示電報，內容是授權其支持類似提議。〔註 9〕

11 月 3 日，奧使齊幹拜訪薩道義，討論薩道義關於商業問題的提議，並提出了一些自己的修改意見。齊幹表示將在外交團會議上支持薩道義的立場。

1901 年 1 月 5 日，美使康格致函美國國務卿海約翰稱，修改條約問題最好能在那些利益攸關的國家討論，那樣或比在北京磋商和談判更迅速、更明智。但康格不太相信各國在一起能達成修改的建議。〔註 10〕

1901 年 1 月 8 日，美國《紐約時報》刊發題爲《提議中的商約》的報導，稱英國駐華公使薩道義目前基於以下條件向各國公使提出了一個對華商約：

首先，所有沿海船隻自由航行；

〔註 5〕另一個建議是要在向中方提出的最後通牒的序言中詳細敘述中國的罪行。
〔註 6〕*The Diaries of Sir Ernest Satow,British Envoy in Peking (1900～1906),* p.39.
〔註 7〕*The Diaries of Sir Ernest Satow,British Envoy in Peking (1900～1906),* p.40.
〔註 8〕*The Diaries of Sir Ernest Satow,British Envoy in Peking (1900～1906),* p.42.
〔註 9〕*The Diaries of Sir Ernest Satow,British Envoy in Peking (1900～1906),* p.44.
〔註 10〕《1901 年美國對華外交檔案》，第 75 頁。

其次，所有船隻在中國內陸水域尤其是長江上自由航行；

第三，允許進口外國鹽；

第四，制定規則，鼓勵中國資本在外國人關注領域投資；

第五，逐步擴大中國的進出口貿易額；

第六，保護商標；

第七，保護貿易港口。

但其他國家尚未同意這個商約，關於此事的討論也被推遲。〔註 11〕

值得注意的是，薩道義日記中並未記載此事。自 1900 年 12 月 24 日外交團向中方遞交聯合照會後，薩道義就臥病在床，直到 1901 年 1 月 12 日才開始工作。〔註 12〕若《紐約時報》報導屬實的話，那麼，薩道義眞可謂「勞動模範」，連生病都不忘工作。

1901 年 1 月 19 日，美使康格致函美國國務卿海約翰稱，修改條約之事可以等到其他各事解決後再進行。〔註 13〕3 月 31 日，德使穆默拜訪薩道義。兩人討論將基於 1900 年 12 月 22 日提交的對華聯合照會第十一款（修改商約問題）而形成的最終商約，穆默說他將願意由英方單獨締結，並相信英方能達成同樣能被德方接受的條款（基於最惠國待遇）。薩道義向穆默保證英方將如此行動。〔註 14〕

1901 年 6 月 25 日，美使柔克義致函美國國務卿海約翰回顧中外商約談判情況。他說，1900 年 12 月 22 日，外交團對華聯合照會第十一款規定：「凡通商行船各條約以及有關通商的其他事宜，如各國認爲有需要修改之處，中國政府均應承允商議修改，以利貿易發展。」

在此次談判中，各國代表迄今都一直認爲不應先提出通商問題，而應留待聯合照會其他條款獲得最後解決後再予以考慮。唯一已達成協議的例外就是，在考慮將進口稅增到切實值百抽五（5%稅率）時，要求中國政府承擔疏濬上海黃浦江和天津海河工程，並修改關稅稅則。這是美使柔克義在最近討論中國哪些稅收可用於償付賠款利息時取得的「成果」。〔註 15〕

〔註 11〕NewYork Times，Jan.8, 1901.

〔註 12〕*The Diaries of Sir Ernest Satow,British Envoy in Peking (1900～1906),* p.77～78.

〔註 13〕《1901 年美國對華外交檔案》，第 78 頁。

〔註 14〕*The Diaries of Sir Ernest Satow,British Envoy in Peking (1900～1906),* p.101.

〔註 15〕《1901 年美國對華外交檔案》，第 340～342 頁。

綜合來看，在修改商約問題談判中，薩道義自始至終保持著主動。在與中國海關英籍雇員會談後，薩道義初步掌握了中國的財政狀況和各國的相關政策，他在談判之初就提出應增加對華談判的條件。美使康格建議將北京開辟爲通商口岸並設立國際租界，薩道義則建議修改商約，而意使薩爾瓦葛建議對中國財政監管以保證償付各國賠款。三人在對華談判過程中互相支持。薩道義最早提出比較完整的商約，但隨著談判的進行，各國在商約問題上討價還價。各國認爲應先解決懲辦凶手問題後，才考慮賠款及修改商約稅則問題。最後還是按照薩道義的意願在最後條約中寫入相關內容。這是薩道義及英國政府的「勝利」。薩道義之所以如此看重修改商約問題，是因爲英國在華商業利益最重，修訂後的商約能夠最大限度地保障英國的在華利益。

第二節　薩道義與取消北京會試問題談判

作爲懲罰中國的重要手段，外交團要求中國停止部分地區科舉考試。圍繞此問題，中外雙方展開激烈爭論，分歧主要集中在北京會試、順天府鄉試和太原府鄉試等。薩道義及英國政府在此問題上立場堅定，堅持取消北京會試，以作爲懲罰中國政府及某些教案頻發或保護外國人不利的地方之手段。但由於要照顧長江流域督撫們的態度和外交團其他成員的政策，薩道義最後只好妥協。

一、外交團會議最早提出五年內部分地方停止科舉考試

在八國聯軍軍事行動迅速開展的同時，各國也在積極謀劃與中國談判事宜，提出各自的政策主張和談判底線。1900 年 9 月至 10 月，外交團各國紛紛亮出談判底牌，包括懲辦、賠償、軍事佔領等。10 月 10 日，應時任英國駐華公使竇納樂所請，外交團召開會議，討論法國所提六點要求，最後提出，「爲防止未來再次發生類似行爲，一項可能更爲有效的措施是在那些發生過殺害或虐待外國人事件的地方五年內禁止科舉考試。」這是各國政府及外交團中首次提到停止科舉考試以懲罰中國。10 月 11 日，竇納樂致電英國政府彙報會議結果，10 月 21 日，英國政府批准了竇納樂所提看法和補充，成爲後來英國在《辛丑條約》談判中的指導方針之一，也爲外交團所採納。〔註 16〕

〔註 16〕*The Diaries of Sir Ernest Satow,British Envoy in Peking (1900～1906),* p.34.

薩道義於 10 月 20 日抵達北京，與竇納樂進行工作交接後，10 月 26 日作爲新任英國駐華公使正式代表英國政府參加外交團會議。〔註 17〕

外交團決定在與中國全權代表慶親王和李鴻章正式談判之前先開會協調統一各國立場，但是在許多問題上各國意見分歧很大，一直未能達成一致意見，而在禁止部分地區的科舉考試問題上，各國意見卻出奇的一致。〔註 18〕

外交團內部經過長達兩個多月的磋商，終於在 12 月 22 日就聯合照會達成一致。12 月 24 日，外交團正式向中國全權大臣提交聯合照會，提出了十二款要求，其中第二款末段規定：「……諸國人民遇害被虐之境，五年內概不得舉行文武各等考試。」〔註 19〕外交團提出這一條款，主要是爲了懲治那些有嚴重「排外」行爲的知識分子和地方城鎮民眾。這也意味著，北京作爲「諸國人民遇害被虐」情況很嚴重的地方，也將被取消科舉考試五年。

1901 年 1 月 10 日，慶親王和李鴻章就聯合照會內容回覆外交團，對有關停止科舉問題的說辭如下：「……查各府廳州縣所管城鎮甚多，應查明何城何鎮地方如有戕害凌虐諸國人民之事，自應照辦。此項自指學政歲科考試而言。至鄉會試係各直省合考之事，其有戕害凌虐諸國人民之城鎮，應仍照前項查明辦理，其他處城鎮並無干涉者，仍應照常考試。」〔註 20〕此處的「學政歲科考試」是指科舉考試中最低的一個級別——院試。童生經府、縣兩級考試後，須經學政考試錄取。學政掌一省之學校政令和歲科兩試，是管理一省學校教育之官〔註 21〕。學政考試通過後爲「秀才」，才有資格參加鄉會試。鄉試是省一級的考試，三年一次，考中者爲「舉人」，有資格參加中央一級的會試。會試在京城舉行，也是每三年舉行一次，考取者參加最高級別的殿試。因此，清廷在回覆中強調，院試可以取消，但鄉會試爲「各直省合考」，需要視考生所在地而決定，不能一概取消。

2 月 27 日，外交團會議審查中國在五年內禁止舉行各類考試的地名。美國談判專使柔克義向會議提交了一份暫定名單，經過修訂，將和要求懲罰人員的名單一同送交中國全權大臣。〔註 22〕3 月 13 日，外交團會議通過了一份

〔註 17〕*The Diaries of Sir Ernest Satow,British Envoy in Peking (1900～1906),* p.38.

〔註 18〕*The Diaries of Sir Ernest Satow,British Envoy in Peking (1900～1906),* p.39.

〔註 19〕《清光緒朝中日交涉史料》卷五九，頁二十四。

〔註 20〕《清季外交史料》卷一四五，第二頁。

〔註 21〕王慶生：《清代學政管制之變化》，載《清史研究》，2008 年 2 月第 1 期，第 73 頁。

〔註 22〕（1901 年 2 月 28 日）美國談判專使柔克義致國務卿海函，詳見：《1901 年美國對華外交檔案》，第 103 頁。

按聯合照會第二款末段規定草擬的致中國全權大臣的照會，提出中國在五年內必須停止科舉考試的城鎮名單。柔克義認爲此事可能需要和中國全權大臣商討，因爲它包含著許多問題，不瞭解中方的意見是不可能獲得圓滿解決的。〔註23〕3月29日，外交團正式照會中國全權大臣，內附應停文武各等考試之處清單，其中尤以山西省（26處）和直隸省（20處）爲最多。〔註24〕

此後，清廷與外交團之間就此問題進行過多次交涉，外交團內部也意見不一，主要分歧便是英使薩道義堅持取消北京會試。

二、薩道義在取消北京會試問題上的立場

中外雙方針對外交團的照會和取消科舉考試的地點名單進行了多次交涉，根據雙方往來照會可以看出，中外在外交團的照會內容上有兩處分歧，第一，中方認爲停考之處爲城鎮而非府縣，「（取消考試地點）清單內開列停考之處俱指稱某府某縣，並非某城某鎮……」，因此，中方請求外交團將各國人民被害被虐之處詳細開明城鎮地名，不得統稱某府某縣。〔註25〕第二，中方認爲是滋事地方之人而非滋事之地停考，「其非寓居該城鎮者，仍准照常赴考，不得統指一府一縣，以示區別。……」〔註26〕針對中方提出的這兩個分

〔註23〕（1901年3月13日）美國談判專使柔克義致國務卿海函，詳見：《1901年美國對華外交檔案》，第115頁。

〔註24〕該清單如下：（詳見：《清光緒朝中日交涉史料》卷六三，頁二十五）
山西省：太原府、忻州、太谷縣、大同府、汾州府、孝義縣、曲沃縣、大寧縣、河津縣、岳陽縣、朔平府、文水縣、壽陽縣、平陽縣、長子縣、高平縣、澤州府、隰州、蒲縣、絳州、平遙縣、潞城縣、潞安府、洪洞縣、歸化城、綏遠城；
河南省：南陽府、河內縣、鄭州、光州、陳州府、浚縣、內黃縣、彰德府、太康縣、襄城縣、西華縣；
浙江省：衢州府；
直隸省：北京、順天府、保定府、永清縣、天津、順德府、望都縣、獲鹿縣、新安縣、通州、張家口、朝陽縣、東安縣、滄州、冀州、遵化州、武邑縣、景州、灤平縣、河間府；
山東省：泰安府、臨清州；
東三省：盛京、甲子廠、連山、於慶街、北林子、呼蘭城；
陝西省：寧羌州；
江西省：鄱陽縣；
湖南省：衡州府、清泉縣

〔註25〕《清光緒朝中日交涉史料》卷六三，頁二十六至二十七。

〔註26〕《清光緒朝中日交涉史料》卷六三，頁二十七。

歧，外交團都堅持原議，不做變更。迫於外交團的強硬態度中方只好做出妥協，接受外交團所提大部分要求，但針對外交團照會及停考地區名單，中方在以下三個問題上仍堅持不讓步：1、順天府的鄉試；2、太原府的鄉試；3、北京的會試。從中不難看出清廷關注的重點是京城。順天府即北京地區，也就是說北京地區的鄉試不能取消，以及各省合考的北京會試不能取消。尤其是對北京會試，中方立場較爲堅定。

中方認爲北京雖有變亂發生，戶籍隸屬北京的士子罰停五年考試是理所當然，但是由於北京作爲都城，各省舉人都需來北京會試，如果將順天府鄉試和北京會試都取消，各省舉人都無法來京應試。「況各教士方欲與中國士大夫聯絡，乃因停考一事更與書生結怨，似亦不甚相宜……」〔註 27〕在得到照會之後，中方軟硬兼施，希望外交團能夠考慮清廷在這三個問題上的立場。一方面，通過中國海關總稅務司赫德致信薩道義稱如果列強堅持北京會試停辦五年的話，那清廷將不會在此期間返回北京。〔註 28〕清廷回鑾問題是列強關注的焦點，以此相要挾，可見清廷態度之堅決。另一方面，照會外交團稱，中方會儘量按外交團的要求行事，但是實在有爲難之處，「因一二省有滋事之人而令二十餘省士子皆受停考之累，是全停中國之考，似不得爲公允。」請求外交團在上述三個問題上予以通融。〔註 29〕

外交團內部出現嚴重分歧。薩道義認爲停止科舉考試有兩層含義：第一，警告那些知識階層，第二，要將那些有外國人被殺或被虐待的地方釘上恥辱柱。〔註 30〕5 月 20 日，薩道義在與總理衙門大臣徐壽朋會談時解釋稱北京和太原府這兩個地方被認爲是排外行爲最嚴重之地，有必要嚴懲，以儆效尤，因此不再適合舉行科舉考試。〔註 31〕因此，薩道義堅持認爲在北京會試、順天府和太原府鄉試取消問題上不讓步。

雖然英國駐華公使不是外交團領袖，但由於英國是世界老牌強國，英國在華商務利益最重，在中國海關的外籍雇員中，英國人占多數且身居要職，英國對中國政府的影響很大，所以英使薩道義在外交團中說話分量也是舉足輕重。當日，薩道義致函英國外交大臣蘭斯道恩勳爵稱，通過停止北京會試，

〔註 27〕《清光緒朝中日交涉史料》卷六三，頁二十七。
〔註 28〕*The Diaries of Sir Ernest Satow,British Envoy in Peking (1900～1906),* p.104.
〔註 29〕《清光緒朝中日交涉史料》卷六三，頁三十。
〔註 30〕*The Diaries of Sir Ernest Satow,British Envoy in Peking (1900～1906),* p.107.
〔註 31〕*The Diaries of Sir Ernest Satow,British Envoy in Peking (1900～1906),* p.109.

可以讓全中國都銘記這樣一個恥辱，即作爲中國首都的北京曾被外國軍隊佔領一年或更長時間。經常有人告訴薩道義稱，1860 年英法聯軍的軍事行動效果甚微，僅局限於地方，並在一兩年內就被忘記，薩道義希望這種情況不會再發生。薩道義認爲應該讓中方銘記首都被占的恥辱。他還透露說，李鴻章一直都試圖勸說外交團允許北京會試，直到法使畢盛卸任回國之前，畢盛和俄使格爾斯都同意拒絕中方請求，然而，自從新任法國公使鮑渥上任後，法俄兩國公使就採取了完全相反的態度。因此，外交團在此問題上將會有很大麻煩。薩道義還認爲只有美使柔克義全力支持自己。〔註 32〕

果然，在 5 月 25 日的外交團會議上，俄使格爾斯表示支持中方的建議，允許北京會試和地方鄉試繼續舉行。薩道義對此很惱火，反對格爾斯的立場。

從薩道義的日記中還可以看到其他公使們的態度：德使穆默說德國人對此問題可能不感興趣；法使鮑渥則用調停者的口氣說話；意使薩爾瓦葛支持薩道義；日使小村壽太郎反對薩道義；其他人基本上保持沉默。〔註 33〕而柔克義也沒有像薩道義在五天前的信函中所說的那樣支持薩道義的立場，而是觀望各方立場，並未明確表態支持薩道義。當天，美國談判專使柔克義致函美國國務卿海約翰，彙報在此次外交團會議上各方的立場：中國政府業已同意對所有曾發生外國人被屠殺或被虐待的城鎮停止考試，但應將北京和山西省會太原府除外。因爲將鄉試和每三年才須在北京舉行一次的會試停止，對於那些從未仇視外國人和那些並未發生屠殺和暴亂地方的人民是不公平的。柔克義本人認爲此論尚有些道理。俄使格爾斯、法使鮑渥和日使小村壽太郎都贊成對中方妥協，然而，由於許多公使對中國科舉考試制度缺乏瞭解，因此對於是否同意中方的要求很是遲疑。〔註 34〕

5 月 28 日，外交團會議繼續討論停止科舉考試問題。薩道義建議堅持在北京、順天府和太原府停止科舉考試。最後，會議達成一項臨時妥協方案：列強堅持順天府和太原府停止鄉試，而北京會試問題則留待以後解決。6 月 1 日，外交團正式照會中國全權大臣稱：「順天、太原鄉試……仍執前請，一律停止。至北京會試一節，尚需詳細查核。」〔註 35〕

〔註 32〕 *The Semi-Official Letters of British Envoy Sir Ernest Satow from Japan and China (1895～1906)*, p.244～245.

〔註 33〕 *The Diaries of Sir Ernest Satow,British Envoy in Peking (1900～1906),* p.110.

〔註 34〕《1901 年美國對華外交檔案》，第 234 頁。

〔註 35〕《清光緒朝中日交涉史料》卷六三，第 30 頁。

在外交團內部磋商時，清廷立場也出現動搖。5 月 29 日，軍機處致電慶親王和李鴻章，詢問英使薩道義刁難不撤兵是否有其他原因，其他國家是否會傚仿，此外，「廷會試全停與條約城鎮之言不符，能託美日使居中轉圜否？」〔註 36〕5 月 29 日，總理衙門大臣徐壽朋再次拜訪薩道義，談論賠款和科舉之事。徐壽朋說李鴻章原打算按薩道義堅持的要求去做，但周馥發現各國公使立場正在動搖，所以李鴻章決定再等一段時間。〔註 37〕6 月 3 日，外交團負責賠款問題委員會與李鴻章、徐壽朋和那桐在德國公使館會談，主要討論賠款事宜。會後，李鴻章特意提出要與薩道義交流，李鴻章表示清廷確實可以頒佈諭旨命令停止在太原府和順天府的鄉試，但來自西安軍機處的消息稱，如果北京會試停止的話，光緒帝就不會回來。薩道義表示會將這點轉告給英國政府。〔註 38〕李鴻章當天即致電遠在西安的清廷稱，「……今早因議賠款晤薩使，……薩謂只要停考及懲辦外省禍首二事辦結即行撤兵，並無他故。停考昨已由驛奏結，廷會試已允不停……」〔註 39〕

三、薩道義在取消北京會試問題上被迫妥協

1901 年 6 月，外交團內部關於停止科舉考試問題的交涉已經漸趨明朗，薩道義繼續堅持停止北京會試，而美、日、俄三國態度明確，支持中方立場，並採取行動從中協調。

由於外交團在主要問題的討論上，已經接近尾聲，中外雙方都希望能夠早日就此達成一致。6 月 6 日，美使柔克義在向美國政府彙報時稱，「停止科舉考試問題難以圓滿解決的唯一嚴重障礙是英使薩道義拒絕同意舉行北京會試，即使沒有發生排外暴亂省份的考生也不能前來應考。」他希望英國政府最後能贊同其他國家的意見，即允許上述考試在規定的限制以內舉行是恰當與公平的。〔註 40〕7 月 20 日，美國代理國務卿希爾批准柔克義爲推動此問題盡早解決採取行動。〔註 41〕

6 月 8 日，薩道義致函英國外交大臣蘭斯道恩勳爵稱，他將被迫在北京會

〔註 36〕《清光緒朝中日交涉史料》卷六三，第 19 頁。
〔註 37〕*The Diaries of Sir Ernest Satow,British Envoy in Peking (1900～1906),* p.111.
〔註 38〕*The Diaries of Sir Ernest Satow,British Envoy in Peking (1900～1906),* p.112.
〔註 39〕《清光緒朝中日交涉史料》卷六三，第 21 頁。
〔註 40〕《1901 年美國對華外交檔案》，第 298 頁。
〔註 41〕《1901 年美國對華外交檔案》，第 301 頁。

試問題上妥協。因爲此前爲了安撫湖廣總督張之洞和兩江總督劉坤一，薩道義曾私下裏表示英國不反對劉、張二人有關將北京（順天府）和太原府的鄉試改在山東與河南舉行的建議，甚至同意將北京會試也改到其他地方舉行。〔註42〕英國之所以很重視長江流域的劉、張二督，是因爲英國在中國長江流域利益最大，必須考慮當地實力派的態度。薩道義在6月12日與德使穆默交談時也表示出妥協態度，他認爲外交團應該口頭告訴中方代表說，如果中方願意提出的話，列強將同意將考試地點遷到山東與河南。〔註43〕而後，通過美使柔克義發往美國的電報可以看出，清廷已經排除了停止在北京和順天府舉行一切考試的障礙。據瞭解，中國政府打算在北京停止考試期間，將京城會試移到某省的省府——可能在開封府舉行。〔註44〕

6月11日，清廷頒佈諭旨宣佈暫停科舉考試，但是諭旨中並未提到北京會試問題，因爲清廷也是希望盡早解決該問題，以使聯軍早日撤軍，從而減少大筆的軍費開支。但是，對於北京會試問題，之所以沒有明文提出，也是留出後路，尋求變通之法。6月27日，各國公使會議接受了清廷有關暫停科舉考試的諭旨，〔註45〕按照聯合照會第十款規定，停止考試的諭旨應在中國各地張貼。〔註46〕

但由於清廷諭旨中並未明確說明北京會試會取消的問題，因此，7月10日，慶親王和李鴻章照會外交團團長、西班牙公使葛絡幹稱，關於北京會試，中方要求不在禁止之列。〔註47〕中方希望外交團對此予以答覆。

對此問題，薩道義認爲清廷諭旨已經是默認北京和順天府的所有科舉考試都暫停，而他也已向英國政府彙報說此問題已得到圓滿解決，但薩道義表示將和李鴻章再好好商談此事。〔註48〕薩道義分別與德使穆默和法使鮑渥會談，穆默表示在此問題上他無法支持薩道義，而鮑渥則主張採取模糊處理，可以這樣答覆中方：外交團認爲這份諭旨是解決了問題。〔註49〕在7月18日

〔註42〕Ian Ruxton：*The Semi-Official Letters of British Envoy Sir Ernest Satow from Japan and China (1895～1906)*, Lulu Press Inc., April.1, 2007, p.247.

〔註43〕*The Diaries of Sir Ernest Satow,British Envoy in Peking (1900～1906),* p.116.

〔註44〕《1901年美國對華外交檔案》，第329頁。

〔註45〕*The Diaries of Sir Ernest Satow,British Envoy in Peking (1900～1906),* p.119.

〔註46〕《1901年美國對華外交檔案》，第368頁。

〔註47〕《1901年美國對華外交檔案》，第368頁。

〔註48〕*The Diaries of Sir Ernest Satow,British Envoy in Peking (1900～1906),* p.122.

〔註49〕*The Diaries of Sir Ernest Satow,British Envoy in Peking (1900～1906),* p.123.

的外交團會議上，薩道義堅持說清廷諭旨裏已包含北京會試問題，但俄使格爾斯卻持相反觀點。〔註 50〕其他公使都不願在此問題上固執己見，更不願對該諭旨強加解釋，特別是多數人對於只不許去年動亂期間有外國人被害或被虐待的省份的舉人參加這些考試的辦法感到滿意〔註 51〕。

8 月 7 日，李鴻章上奏朝廷彙報談判詳情，稱情形並不樂觀，「英國使臣薩道義面稱會試仍必須停，並稱四月二十五日（6 月 11 日）上諭提明直隸省之北京順天府等地均應停止文武考試五年，是已包會試在內，無再允舉行之理。……北京會試一事，四月二十五日上諭諸國全權大臣視爲妥善，自應遵照辦理等語，揆度情形會試難在京城舉行，將來只可由禮部另籌變通之法……」〔註 52〕

在此期間，外交團也在協商《辛丑條約》的最後條款，其中，「惟須停考試、懲處外省各員、禁運軍火三事有明降諭旨方能會同畫押。」〔註 53〕8 月 25 日晚，受美使柔克義所託，日使小村壽太郎拜訪慶親王奕劻稱：「和議總結條款，各使俱已簽字，斷乎不能更改，頗有兩三國盼望中國不即畫押，得以變卦要挾，如畫押能速，京城洋兵於畫押後五日內可全撤，直隸洋兵除留護暢道數處外，十日內外亦可撤盡，如畫押遲延，則蓄謀之國有所藉口，伊等實愧莫能助。」慶親王和李鴻章認爲「美使柔克義、日本使小村素有相愛之意，所言似出眞誠」，因此請求清廷速就停考試、辦禍從及禁軍火等三事頒佈諭旨。〔註 54〕

8 月 26 日，慶親王奕劻和李鴻章電告清廷，彙報科舉考試問題談判進展情況。「北京會試前經設法磋磨，各使頗有允意，始料英使薩道義未必肯以一人違眾，不意薩使始終堅持，各使竟無如何，遂仍由領銜日使備文駁覆。臣等前奏已將詳細情節敘明，今各使已將條款簽字，斷難再與商議，此次明降諭旨，請將日前片奏內所陳商明免停之河南陳州府、鄭州、河內縣三處扣除，會試仍不必提。」〔註 55〕

〔註 50〕*The Diaries of Sir Ernest Satow,British Envoy in Peking (1900～1906)*, p.124.

〔註 51〕《1901 年美國對華外交檔案》，第 367 頁。

〔註 52〕《會試難在京城舉行片》光緒二十七年六月二十三（8 月 7 日），詳見：《李鴻章全集》奏稿・卷八十，頁六十五。

〔註 53〕《慶親王奕劻大學士李鴻章來電》光緒二十七年七月初九日（8.22），《清光緒朝中日交涉史料》卷六四，頁二十七。

〔註 54〕《清光緒朝中日交涉史料》卷六四，頁三十二。

〔註 55〕《清光緒朝中日交涉史料》卷六四，頁三十二。

按照慶親王和李鴻章兩人意見，清廷降旨畫押，這就掃除了簽署條約的最後障礙。1901 年 9 月 7 日，中國全權大臣與十一個國家代表正式簽訂《辛丑條約》，其中，第十款規定：在特定地方停止科舉考試五年，北京會試仍不提。

清廷最後做出妥協，降旨畫押，取消順天府和太原府兩處鄉試，「會試仍不必提」；而如果此議未決，《辛丑條約》談判的進展就會因薩道義的反對意見而受到影響，外交團最終將北京會試問題就此模糊過去，薩道義孤軍奮戰也無力相爭。

四、小結

在庚子和談時，有關停止科舉考試問題談判交涉很頻繁，尤其是在取消北京會試問題上，中外雙方意見相差很大，且外交團內部分歧很明顯。薩道義堅持對義和團運動中有「排外」行爲的地方進行嚴懲，以警示支持義和團運動的中國士紳階層，切斷其獲得權力的路徑。

俄使格爾斯與薩道義的意見最爲對立，而美國專使柔克義和日使小村壽太郎傾向於贊同中國立場，其他國家公使大多表示中立，少有支持薩道義。薩道義在停止科舉考試問題上立場最爲堅決，因爲英國在義和團運動中受的人員及財產損失很大，並且英國在中國的利益很多，出於維護英國利益的考慮，薩道義堅持對中國強硬。而俄、美、日三國在此問題上的一致立場則很值得玩味，當時俄國正與清政府就俄國從中國滿洲撤軍問題上進行秘密交涉，因此俄國爲了其在東北地區獲得更大利益而選擇在該問題上支持清政府，向中國示好。美國在《辛丑條約》談判過程中表面上對中國持同情立場，實際上是爲了攫取更多商業利益，因此，對清政府以「拒絕回鑾」爲要挾，美國較爲慎重。日本在此問題上的態度源於對俄國擴張在華利益的警惕，因此也選擇適度拉攏中國，防止其在中俄密談中走得太遠。

北京會試問題成爲《辛丑條約》中「停止科舉考試五年」條款談判的一個關鍵點和分歧之處。針對此問題，中外雙方進行了多番交涉，最終雙方均做出妥協，取消部分地方的科舉考試五年，涉及九個省數十個府縣，該條款的通過和執行也在一定程度上影響了 1905 年科舉制度的廢除。

結　論

1901 年 9 月 7 日，中國特命全權大臣慶親王奕劻和李鴻章代表中國與 11 國代表簽訂了喪權辱國的《辛丑條約》，至此，爲期近一年的庚子和談劃上句號。飽受中外輿論批評的李鴻在兩個月後的 11 月 7 日與世長辭，結束了其飽含爭議的一生。十年後，伴隨著武昌起義的槍聲，中國歷史上最後一個封建王朝滿清政權也走向了歷史的終點。「滾滾長江東逝水，浪花淘盡英雄！」走過了數千年風雨歷程的中國人今天終於可以用更加客觀、理性的角度來看待歷史了。

在利用大量薩道義的日記、信函和各國外交檔案等原始資料的基礎上，本文可以再回顧和歸納一下關於庚子和談的全過程，這有助於認識庚子和談的背景、特點、內幕和細節，也可以進一步瞭解和剖析庚子和談中各國政府及其公使（尤其是英國政府及其公使薩道義）的立場及作用。

圖說：1901 年 9 月 7 日《辛丑條約》簽訂現場

在《辛丑條約》締結一年多以後，1902 年 12 月 9 日（光緒二十八年十一月初十日），清廷外務部〔註 1〕上奏，請求爲參與庚子和談的各國外交官頒發勳章。雖然這只是在做表面文章，但清廷還是「鄭重其事」。授勳範圍不僅包括現任外交官，還包括已卸任離華的外交官，上至公使，下至翻譯和參贊等，人人都有份。但有意思的是，只有英國駐華公使館人員除外。究其原因，原來是「英國之例，凡有職守人員，不受他國賜賚，是以該國使臣薩道義等未經開列」。至於將來是否應頒發或賞賜什麼物品，外務部表示將根據情況酌定。〔註 2〕

當然，我們不能以清廷是否頒發勳章來判斷清廷的好惡及各國使臣在庚子和談中的作用，而應該基於檔案資料予以客觀總結。

一、庚子和談的特點

1899～1900 年，中國華北爆發大規模的義和團運動，以慈禧太后爲首的清政府認爲「民意可用」，決定聯合義和團對抗列強。於是，清廷頒佈諭旨，命令各省官員「滅洋焚教」，除了東南各省督撫們拒不執行清廷命令，形成所謂「東南互保」外，全國各地發生許多教案和殺害外國人事件。局勢發展到頂點是 1900 年 6 月 20 日至 8 月 14 日，清軍與義和團聯合進攻北京的外國使館區。隨著中國局勢逐漸失控以及各國駐華公使館受到圍攻，各國政府決定對華採取聯合軍事行動，組成八國聯軍發動對華侵略戰爭。聯軍軍事行動進展迅速，從天津一直打到北京，最後佔領了中國首都，以慈禧太后爲首的清廷倉皇逃出北京。在西逃途中，爲了向列強示好，清廷於 1900 年 9 月 25 日頒佈諭旨，懲罰九名需爲中國「動亂」負責的王公大臣。此外，還任命慶親王奕劻和大學士李鴻章爲特命全權大臣，負責與列強談判事宜。

（一）中俄滿洲問題談判與《辛丑條約》談判相互影響

在聯軍軍事行動開展的同時，列強也在著手準備對華談判，討論中國局勢善後事宜。各國政府提出各自談判底限和原則，最早是德國於 1900 年 9 月 18 日提出要以懲辦禍首爲談判先決條件，法國政府於 10 月 4 提出作爲對華談

〔註 1〕1901 年 9 月 7 日簽訂的《辛丑條約》規定，總理各國事務衙門改爲外務部，位列各部之首。筆者注。

〔註 2〕《外務部請賞給各國議約使臣等寶星摺》光緒二十八年十一月初十日（1902 年 12 月 9 日）。詳見：《清光緒朝中日交涉史料》卷六六，頁四十四。

判基礎的六點要求，10 月 10 日，駐華外交團開會討論對華談判基礎，對法國政府所提六點要求進行深化和補充，最後形成決議並報請各國政府批准，成為後來對華談判的指導原則。

在參與八國聯軍出兵中國華北的同時，沙俄還趁機出兵佔領中國滿洲全境，這嚴重損害了中國的主權和領土完整，同時也威脅到了各國在華利益，尤其是英日美三國對俄國在中國滿洲地區的軍事行動十分警惕。10 月 16 日，英德兩國政府簽訂《英德協定》，其指導思想是「保證中國領土完整」和「門戶開放」，這主要針對的是俄國佔領中國滿洲及日本出兵佔領中國福建廈門之事。與此同時，俄國出於其戰略企圖，提出撤軍、撤使的建議。事實上，據美國的觀察，俄國在中國的軍隊數量並未減少，俄國只是想藉此向列強施加壓力而已。當列強在北京進行《辛丑條約》談判的時候，中俄之間也就中國滿洲問題進行秘密談判，因此，俄國在很多問題上與強硬的英國立場相左，將自己扮演成中國的「同情者」，以期獲取在滿洲問題上的更大利益。整個過程中，兩個談判互相影響，互為掣肘，成為整個庚子和談的一大特點。

庚子和談利益紛爭的背後是東北亞地區複雜的國際關係，外交團內部大致可以分成三個派別，而最主要的對立關係是英國和俄國，英、俄兩國是爭奪在華勢力最主要的帝國主義國家，二者之間的矛盾也是直接影響和制約了東北亞國際關係。英國作為老牌的資本主義國家，其侵略方式主要是對華商品輸出、資本輸出，通過控制中國的關稅，佔領通商口岸進行侵略，而俄國則主要通過武力擴張和領土兼併來謀求在華勢力範圍。俄國在東北亞地區的利益訴求直接威脅到英國的利益，其中在庚子和談中影響較大的便是中俄在滿洲問題上的秘密談判（史稱滿洲問題談判）。

英國十分關注滿洲問題，因為這直接關係到英國在遠東的各項利益，美國學者列森編撰的《日俄爭奪下的朝鮮和滿洲（1895～1904）——英國駐日公使和駐華公使薩道義的觀察》〔註 3〕便是記錄了薩道義對此問題的觀察。英國與俄國是兩大競爭對手，雙方不僅在歐洲、中亞競爭，還在遠東地區直接對抗。英國憑藉著自己在科技、商業和軍事等方面的優勢在世界範圍內大肆擴張殖民地，主要是想獲得商品傾銷市場和資本投資市場，而俄國有著強烈

〔註 3〕George Alexander Lensen: *Korea and Manchuria Between Russia and Japan (1895～1904)——TheObservation of Sir Ernest Satow (British Minister Plenipotentiary to Japan (1895～1900) and China (1900～1906))*. (Tokyo) SophiaUniversity & the Diplomatic Press.1966 (reprinted in1968) .

的領土野心，自從跨過烏拉爾山向亞洲擴張以來，俄國逐漸佔領了原屬於中國的大片領土，但其野心遠不止於此，它還覬覦日本和朝鮮半島以及中國滿洲地區，而英國在這些地方有著巨大的戰略利益，因此直接導致了英俄兩國在遠東地區的對抗。同時，俄國的擴張還威脅到了日本的利益。為了阻止俄國在中國進一步擴大勢力範圍，英國與德國在 1900 年 10 月簽訂了《英德協定》，聲稱保持中國領土完整，其目的就是要向俄國施壓。出於共同的戰略考量，英日兩國於 1902 年結成英日同盟，直接目標就是對抗俄國在遠東地區的擴張。

在義和團運動後期，在參與八國聯軍侵略中國華北的同時，俄國還藉口保護俄國在中國滿洲的南滿鐵路，悍然出兵十幾萬佔領中國滿洲全境。俄軍佔領東北後，開始與中方進行關於滿洲問題的單獨談判。按前蘇聯學者納羅奇尼茨基、古貝爾、斯拉德科夫斯基、布爾林加斯等人的觀點，李鴻章並不反對中俄之間這種單獨談判，目的是為了用在滿洲問題上對俄國所作讓步來換取俄國代表在列強的共同談判中採取友好態度。同時，李鴻章也利用歐美日等國共同組成的反俄陣線來對抗俄國的要求，力圖一筆勾銷對俄國的許諾。但是，這套把戲並沒有改善中國的危險處境。〔註 4〕

俄國佔領滿洲和中俄之間就此問題的秘密談判引起列強尤其是美日英等國的反對。在與北京談判進行的同時，俄國在中國滿洲佔領區的行政長官阿列克謝耶夫上將與格羅戴柯夫將軍直接同清政府在東北的官員進行的談判使局勢更加緊張。1900 年 10 月至 11 月間，俄國軍隊佔領了由英國投資建設的山海關——北京鐵路的一部分和牛莊（今營口）港口，並控制了直到直隸省界的整個南滿地區。〔註 5〕1901 年初，俄國試圖與清廷簽訂有關滿洲問題的單獨協議，這令英、美、日等國很不安。在經過近兩個月的討論後，俄國政府於 1901 年 1 月 31 日批准了草案的最後文本，接著於 2 月份交給中國駐俄公使楊儒，同時通過俄國駐華公使格爾斯告訴給李鴻章，希望李鴻章能夠促成中國政府盡快簽訂該協議。

英使薩道義、日使小村和美使柔克義協調立場，並通過各國政府照會中國駐本國公使，反對中國簽署協議。薩道義通過英國駐長江流域的領事們發動湖廣總督張之洞和兩江總督劉坤一向清廷上奏摺，請求不要簽訂協議，薩

〔註 4〕（蘇）納羅奇尼茨基、古貝爾、斯拉德科夫斯基、布爾林加斯：《遠東國際關係史》，第一冊（從十六世紀末至 1917 年），北京外國語學院俄語系首屆工農兵學員譯，商務印書館，1976 年，第 279 頁。

〔註 5〕前引《遠東國際關係史》，第 279 頁。

道義也積極做李鴻章的工作，希望能說服李鴻章。2 月 28 日，薩道義將通過中國官員得到的比較準確的協議草案文本發回英國政府。當天，清廷頒佈諭旨，宣佈由俄國提出的約稿內容，共十二條，同時請求列強在中俄進行談判時共同進行調停。3 月 1 日，英國外交大臣蘭士敦侯爵通知薩道義稱，中國已請求列強調停中俄談判。於是，薩道義開始了頻繁的外交活動。

在各國政府及在華外交團的強大壓力下，俄國政府作出一定的妥協，放棄了很多要求，但最令各國政府不安的條款（如：未經俄國同意，中國將不得將滿洲、蒙古和甘肅、新疆與俄國接壤的六個邊區的鐵路、採礦工業等租讓權提供給外國人；中國向中東鐵路公司修建向北京方向延伸直到長城的鐵路租讓權等）仍然保存下來。

俄方通知中國，必須在 3 月 13 日以後兩周內簽署協議，否則將收回協議。3 月 25 日，英國政府通知中國駐英公使羅豐祿稱，如果中國簽署了涉及到英國利益的單獨協定，那麼，英國也將索取相應的補償。在以英國爲首的列強的威逼利誘下，中國政府拒絕簽署協議，這令俄國政府非常生氣，因此在從中國滿洲撤軍問題上遷延不決，這又引起了日本政府的擔憂，在《辛丑條約》簽署後，日俄在滿洲問題上的爭奪日趨激烈，直接導致了 1902 年的英日同盟和 1904～05 年的日俄戰爭，而這些都是薩道義後來極爲關注的內容。

在庚子和談中，俄國和法國的關係也比較密切，二者在許多問題上步調保持一致，法國也在私下裏表示爲了維持與俄國的「傳統友好關係」而不得不倒向俄國。這主要是因爲在 19 世紀末歐洲已逐步形成兩大陣營——同盟國和協約國，俄國和法國是較早簽訂協定的兩個國家。雖然兩國有同盟身份，但法國政府在談判過程中還是顧及外交團的「一致行動」，扮演了協調者的角色，其最初提出的「六點建議」成爲列強對華談判的一個重要基礎，法國在歐洲的地位和角色也使得它在許多問題上（例如懲辦問題）對英德美日俄等國進行協調。

除了俄國之外，美國也是作爲一個逐步崛起並覬覦中國巨大商業利益的國家。在整個庚子和談過程中，美國的意見很多時候是與外交團相對立的。比如，在賠款總額問題上，美國堅持四千萬鎊的賠款，直到 1901 年 7 月才最終放棄。在懲辦問題上，美國雖然與英國儘量保持一致，但在死刑問題上，美國還是反對對多數中國官員執行死刑。美國之所以會「爲中國說話」，主要是爲了通過「門戶開放」政策維護和擴大其在華商業利益。

（二）談判雙方內部均形成明顯分化

談判過程中各國立場分化很明顯，反映了各國政府在利益上的博弈，中國代表團內部也不是鐵板一塊。這是庚子和談的另一特點。

參與庚子和談的國家多達十一個，除了出兵八國之外，還有西班牙、比利時與荷蘭等國。後三個國家之所以參與談判，主要是因爲他們的使館在清軍與義和團聯合圍攻時也遭受損失，並有傳教士和本國公民在中國各地遇害。

參與談判的中國全權代表是慶親王奕劻和大學士兼直隸總督李鴻章。此外，清廷還任命湖廣總督張之洞、兩江總督劉坤一、大理寺少卿盛宣懷等人爲協辦大臣。清廷原想任命榮祿參與談判，但因受到外交團一致反對而只好作罷。

整體而言，外交團內部起主要作用的是英、法、德、美、日、俄等六國公使。六國在華有巨大利益，且出兵很多，因此他們主導了整個庚子和談。其餘公使由於本國實力有限，在華利益也不大，且出兵規模不大，甚至根本就沒出兵，因此並無多少發言權。然而，由於西班牙公使葛絡幹是外交團領袖，其他公使也參與了整個談判過程，六大強國的代表對此很無奈，曾一度想甩開其他五國代表而直接同中國談判，但終究沒有實現。不過，很多談判關鍵細節就是在這六國代表之間進行的。

上述六大強國之間，筆者認爲可以大致分爲三大派別：英、日、美等國爲一派，俄國和法國爲一派，德國單獨爲一派，在很多問題上都能看到這種分野。當然這種劃分併非鐵板一塊、絕對固定不變，有時英、德也會基於《英德協定》一起合作，俄、法也有矛盾（比如在中國滿洲問題上），英、美之間也有矛盾（比如在賠款總額問題上），日本則在很多問題上都持「騎牆」態度，比如在懲辦、賠款、科舉等問題上都是如此，這符合日本民族的國民性格。西方著名人類學家本尼迪克特在其經典著作《菊與刀》中曾深刻分析日本民族試探觀望的性格，「他們沒有自己堅定的主張，而是仔細觀察國際局勢的發展變化，以便隨時做出政策調整。」

中國談判代表團也大致可以分成兩大派別：李鴻章一派、張之洞和劉坤一爲另一派，至於另一位全權大臣慶親王奕劻則無明顯傾向，因爲他是與李鴻章一起在北京主持和談大局，因此兩人常常一起署名發電報、寫奏摺等，但並不意味著他與李鴻章的觀點一致。李鴻章由於多年主持中國外交大權，與俄國關係非常密切，在整個庚子和談中這點表現很明顯。李鴻章從兩廣總督任上調任直隸總督，並擔任全權大臣負責中外談判。當他抵達天津時，聯軍曾有意阻止其與在北京的慶親王等人聯繫，俄方對此很焦急，趕緊在外交團和聯軍內部進行協調，終於使李鴻章順利抵達北京，與慶親王奕劻一起負責對外和談，李鴻章與俄方關係之密切由此可見一斑。事實上，李鴻章在《辛丑條約》談判和中俄東北問題談判中確實與俄方走得很近，這已成爲中外各界人士的共識，外交團其他成員對此都非常清楚。

張之洞和劉坤一是長江流域的兩位總督，是多數列強看重的「開明派」和實力派，他們在中國華北動亂時提出所謂「東南互保」，更是讓他們獲得列強賞識。由於長江流域是英國傳統的勢力範圍，因此，英國政府及其駐華使領館都很重視與劉、張兩人的聯繫。在整個庚子和談過程中，經常出現這種怪事：當中國代表團與外交團之間就某件事展開談判時，雙方內部都要開會討論各自立場，中方立場經常通過劉、張兩人的渠道爲英、日、美等國提前知曉，而外交團的立場也經常通過俄使格爾斯的渠道爲中方所知曉。這些精彩細節通常在官方報告和檔案中難以體現，但在薩道義的日記和非官方信函中很常見，這對釐清各國之間的複雜關係起到重要作用。

二、薩道義在庚子和談中所扮演的角色

薩道義是近代英國著名的學者型外交官，是西方日本學早期三大家之一。他於 1900 年 9 月底抵達中國上海，10 月 20 日抵達北京，他的使命是接替竇納樂擔任英國駐華公使並代表英國全權參與對華談判。薩道義在《辛丑條約》談判中表現很突出，在很多問題上都發揮了關鍵作用。薩道義的一生與中國關係很密切，他能在義和團運動頂峰這樣一個關鍵時刻奉英國政府特殊使命來華，本身就是對其能力的認可。

早在 1862 年 1 月至 8 月，當時年僅十八歲的薩道義曾作爲英國外交部的實習翻譯生到中國上海和北京短暫生活過一段時間，學習中文和中國文化，體驗中國社會風俗習慣，初步考察中國政局和對外關係，這段經歷對薩道義後來的外交生涯起了不小作用，也是其後來得以出任英國駐華公使的一個原因。此外，他 1862 年 9 月離開中國後開始了長達近三十年的駐日生涯（分爲前後兩段），期間雖然沒有再到中國，但是他與中國問題關係很深。其間，他用自己語言和學識上的才華幫助英國駐日公使館處理了很多涉華問題，尤其是他對 1874 年中日臺灣問題交涉的詳細記載成爲後來學者研究該

問題的重要參考資料，此外，他對中日琉球問題交涉也有詳細研究，先後寫過三篇文章，對後來學者的研究影響很大，並在一定程度上影響了英國政府在琉球問題上的政策。在其擔任英國駐日公使期間（1895～1900），他更是全程參與和見證了期間中日關係史上的諸多重大問題。薩道義是在駐日公使任上接到英國首相索爾斯伯里的通知，將赴中國接任因病告假的竇納樂公使，他很清楚這是一個非常艱難的職務，因爲此前他已通過各種渠道打探到中國局勢的嚴重性，但是作爲一個職業外交官必須以國家利益爲重，他最終接受了這項使命。

1900 年 10 月 20 日，薩道義抵達北京，在與前任公使竇納樂進行工作交接後，他於 10 月 26 日正式參加外交團會議，開始庚子和談進程。1901 年 9 月 7 日，最終簽署的《辛丑條約》總共有十二款，主要內容是懲辦與賠款問題。

（一）懲辦「兇手」問題

懲辦需對中國華北動亂負責任的人員問題（即懲辦問題）是庚子和談中最先涉及、也是非常重要的內容，主要分爲三部分：一、對慈禧太后和光緒皇帝戰爭責任的認定；二、懲辦應對中國動亂負有主要責任的王公大臣問題（即懲辦「禍首」問題）；三、懲辦各省涉案官員問題（即懲辦「禍從」問題）。

各國政府普遍認定慈禧太后需對中國動亂負主要領導責任，但考慮到其特殊身份，並且由於各國在華利益博弈的結果，最後列強對慈禧太后責任也就逐漸模糊化處理。此外，列強還在懲辦「禍首」問題上對中國作出讓步，尤其是在處罰皇親貴族問題上讓步較多，這在一定程度上也可看成是列強對慈禧太后的讓步。薩道義認爲慈禧太后應負主要戰爭責任問題，但在參考英國駐華使領館官員對長江流域的湖廣總督張之洞和兩江總督劉坤一等人會談結果以及各國在慈禧太后責任問題上的態度後，薩道義決定不再要求過於追究慈禧太后及其親信們的責任。

列強基本上都認爲光緒皇帝不應對中國動亂負太多責任，最多只是次要責任。各國公使對光緒皇帝自 1898 年戊戌政變後的處境都比較瞭解，在一定程度上還表示同情，薩道義也持類似觀點。在追究慈禧太后責任問題時，薩道義也考慮到中國傳統文化的影響，認爲慈禧與光緒之間雖無直接血緣關係，但在中國文化語境下，兩人之間存在一種類似母子關係。若各國強硬追究慈禧太后的責任，則將置光緒皇帝於不仁不義之境地。

懲辦「禍首」問題是懲辦問題中最關鍵的內容。列強對清廷 1900 年 9 月 25 日有關懲罰九名王公大臣的諭旨表示很不滿，認為對上述人員的懲罰過輕，且懲罰人員名單有遺漏。列強還要求名單加上山西巡撫毓賢和甘軍統領董福祥兩人。懲辦「禍首」問題是從談判之初就開始交涉，到 1901 年 2 月底基本結束，中外雙方主要是在如何懲辦端郡王載漪和董福祥兩人問題上分歧很大。外交團最初一致要求將十一名「禍首」全部處死，由於後來局勢變化，外交團內部出現分歧。美方首先提出要慎重考慮董福祥問題，接著，法、奧等國提議要慎重考慮端郡王問題。最後，外交團只是要求處死四位禍首，其他官員則從輕處理。英國政府及薩道義在懲辦「禍首」問題上立場比較強硬，堅決主張對所有十一名「禍首」都處以死刑，後來在外交團其他成員的壓力下，為了不致耽誤談判進程，最後只好妥協，但提出了一個折中方案：對「禍首」仍要判處死刑並記錄在案，但隨後可由清廷特赦，改為流放。外交團接受了這一建議，使得談判僵局得以打破。

懲辦「禍從」問題主要是針對義和團運動期間中國各地發生許多教案和殺害外國人事件。英法兩國在華傳教歷史悠久，規模很大，在中國華北動亂中，兩國人員的生命和財產損失很大。因此，兩國政府在懲辦「禍從」問題談判立場很強硬。薩道義除了積極參與外交團會議討論懲罰各省涉案官員外，還多次私下與中方官員交涉，對中方施壓，迫使中方接受英方或外交團的決定。

（二）賠款問題

賠款問題是整個庚子和談中最重要的內容。薩道義與英國政府在賠款問題談判上起了重要作用，具體可以表現為以下幾個方面。

首先，英方促使賠款問題大原則最終得以順利通過。意使薩爾瓦葛首先提出控制中國財政以保證賠款順利償還的建議，薩道義認為該建議很重要，並且為了讓薩爾瓦葛支持英方所提修改商約的建議，薩道義大力支持意方建議，並設法做通其他公使的工作，還建議薩爾瓦葛和赫德去向中方解釋，最後，在做了細微修改後，薩爾瓦葛的建議得以通過，也有利於外交團順利地開展賠款問題談判。

其次，英方對中國財政狀況調查方面起了重要作用，表現在英使薩道義、中國海關總稅務司赫德、中英商會董事哲美森、中國海關英籍雇員賀璧理等人發表的有關中國賠款問題的備忘錄、研究報告和演講等內容。這有助於英國及外交團制定相應的政策，提出各自索賠要求，並協調立場。當然，各國在這些內容的基礎上得出來的結論也不盡相同。例如，美國就堅持索賠四千萬鎊，但俄、法等國強烈反對並質疑美方所提數額的來源，美方表示自己的數據正是基於英方的上述材料而得出的。

第三，英方促成列強最後確定對華索賠總額及截止期限問題。在這個問題上，英國與美國都堅持要將數額控制在中國能夠承受的範圍之內，英美的出發點都在於他們在中國的商業利益，希望中國可以快速「繁榮」起來，以刺激其對外貿易，從而使列強從中漁利。一開始英國主張將總額控制在五千萬鎊，最後迫於德國、法國等國家的壓力，接受了 4.5 億兩的總數，但是，英國最先提出了將賠款日期限定在 1901 年 7 月 1 日，以解決撤軍和賠款定額之間的矛盾，也避免了藉此拖延中外談判。

第四，英方促成列強確定中國賠款償付方式。在中國如何償付列強賠款問題上，外交團總共有三種考慮。德國（美國在最初一段時間也持類似觀點）主張中國一次性付清德國軍費，俄法兩國主張聯合擔保中國借款，英美兩國主張按面值接受由中國發行無需國際擔保的債券。最後的妥協結果是，外交團接受英美兩國的建議，各國接受按面值接受由中國發行的無需國際擔保的債券，年息四釐，但也滿足了俄法兩國的一些條件。

（三）其他問題

薩道義還在修改商約、停止科舉考試、武器禁運、清廷回鑾、修改公使覲見禮節、北京外國使館區擴建與防禦、拆除大沽炮臺、北京至天津之間駐軍數處、疏濬上海黃浦江和天津海河等問題談判上起過很重要的作用。

薩道義極力主張修改商約，主要是因爲英國在華商業利益最重，並且現行中外有關商業問題的條約不能滿足英國擴大在華商業利益的需要，同時，諸如釐金等苛捐雜稅也嚴重阻礙了英國在華商業利益的發展。薩道義在整個談判過程中都堅持這一原則，並積極尋求其他公使的支持。在有關提高中國實際稅率至 5%甚至 10%，以便增加中國財政收入保證賠款順利償還的問題上，薩道義認爲不能簡單同意增稅以保證賠款，而應該以商約修改和廢除釐金等爲補償，否則列強將失去與中國談判解決商業問題的重要槓杆，同時還會被中國人嘲笑說列強是從自己口袋裏掏錢賠償自己。在增稅至10%問題上，薩道義與俄使格爾斯立場對立很久，後在外交團其他成員的斡旋下，雙方才做出妥協。

作爲對中國懲罰的措施之一，列強決定要在有嚴重教案或殺害外國人事件的地方五年內停止科舉考試。經過仔細調查，外交團向中方提交了應停止科舉考試之地名清單，迫於薩道義及外交團施加的巨大壓力，中方同意外交團所提要求中的大部分，但在以下三個問題上中外雙方分歧嚴重：一、順天府鄉試；二、太原府鄉試；三、北京會試。尤其是在北京會試問題上，雙方有過多次交涉。薩道義及英國政府之所以堅持要停止北京會試，是因爲要想讓中國朝野上下都銘記這一恥辱。外交團其他成員並不特別堅持停止北京會試，並且由於要照顧長江流域的張之洞和劉坤一兩位總督以及不想承擔耽誤談判的責任，英國最後不再堅持停止北京會試問題。

在武器禁運問題上，外交團原則上同意禁止中國進口武器，但禁運期限和禁運範圍上有分歧。日本最初反對武器禁運，因爲日本在中國的火硝進口中佔有很大份額。英國政府堅持對華武器禁運，甚至規定連製造武器和彈藥的原材料都要禁運。美國政府懷疑英國政府這種立場是否明智。由於翻譯問題，中國和外交團還在該問題發生過誤會。英使館參贊傑彌遜在提前送給張之洞的聯合照會底稿中稱禁運範圍是「專爲製造軍火之各種器料器」，也就是說製造軍火的各種機器。實際上是「專爲製造軍火之各種材料」。在禁運期限問題上，俄使格爾斯主張五年（有的材料說是十年），英、日、美等國則主張兩年。最後外交團決定禁運兩年。薩道義還是外交團專門負責武器禁運問題的委員會成員之一，在起草相關報告問題上起了重要作用。

北京外國使館區防禦與擴建問題上，由於英國使館位於外國使館區的西北方向，且正對著皇宮紫禁城，因此在清軍與義和團聯合圍攻使館區期間，英國使館首當其衝成爲進攻的對象，遭受很大的破壞。因此，在庚子和談時，英國在使館區防禦與擴建問題上立場很強硬，主張多駐紮部隊，甚至要求將英國使館大門正對著的皇城削低，以避免未來再次發生危險。最後在中方的請求和外交團其他成員的斡旋下，英國同意不再堅持削低皇城城牆。

此外，薩道義在要求清廷爲遇刺身亡的德使克林德和日本公使館書記生杉山彬兩人撫恤並道歉問題上也是立場強硬。他勸說並協助德使穆默和日使西德二郎將這兩個問題寫入1900年12月24日對華聯合照會中。在改革總理衙門和修改公使覲見禮節問題上，薩道義都是衝在前頭，表達英國的主張。

由上可以看出，薩道義在懲辦問題上立場比較強硬，主張堅決予以處置，以儆效尤。同時，英國也趁機剷除清廷內部排外及親俄的官員，扶植一批親英官員上臺。雖然迫於其他各國的壓力，英國有所妥協，但英國的強硬立場使得一大批中國官員受到懲罰，且「永不敘用」。在賠款問題上，由於該問題直接涉及控制中國財政和商業條約的問題，英國既想繼續保有其在華權利，避免其他國家控制中國財政，又想使中國採取適當財政措施以確保償付對外賠款。

三、薩道義方日記及信函的學術價值

薩道義的一生與東方問題關係密切，不可否認的是，作爲老牌帝國主義國家的資深外交官，薩道義身上有著濃厚的西方優越感。他很忠實地履行著外交官的職責，盡力維護英國的國家利益。然而，薩道義也有相對理性的一面，他能夠根據其早年來華的經歷澄清部分事實，幫助英國政府制定相對理性的對華政策。同時，他在傳教士問題上的態度也有可取之處，他主張傳教士不應干涉中國和各國政府的政策，不應利用條約特權而行不法之事。然而，對於已發生的涉及英國傳教士和普通公民的各地教案或案件，薩道義又極力主張爲他們爭取權益和補償。薩道義在任內還拒絕像前任竇納樂那樣簽署對中國官員執行死刑的命令，認爲這逾越了外交官的權限，但在懲辦「禍首」與「禍從」官員時表現了強硬態度，暴露了其帝國主義分子的本質。

整體來說，在早年來華時期、任英國駐華公使期間及卸任回國後，薩道義對中國的印象經歷「好奇、敬佩（古代中國文明）、蔑視（近代中國）到最後相對客觀的認識」等幾個階段。薩道義的日記和官方或半官方信函中都有大量關於中國問題的記載，他在駐華公使期間的資料更是研究當時的中外關係、國際關係、中國政局和社會狀況的重要參考資料。

通過薩道義的日記和信函，我們可以清晰看到許多外交政策背後的周旋與角力，其中不乏外交官之間的內幕與秘聞，尤其是在庚子和談期間，薩道義日記的內容不啻爲一部《庚子和談實錄》，詳細記載了每天會談或會議的內容，從中我們看到英美外交官和英美兩國政府在許多問題上的提前交涉，協調一致；中方官員張之洞、劉坤一與帝國主義國家之間的秘密交涉；李鴻章在懲辦「兇手」問題上借薩道義之手向清廷施壓，「借刀殺人」懲辦滿族官員等。這些都是在中外官方檔案中無法窺探到的。因此，應更好地利用這些資料研究薩道義本人及其著作，並從中管窺當時的時代背景和各國的外交政策，從而爲中國近現代史和近現代國際關係史研究提供更多更可靠的素材。

附錄一：薩道義生平年表〔註 1〕

1843 年　生於英國倫敦郊區克萊普頓（Clapton）。

1853 年　美國佩里艦隊抵達日本浦賀（Uraga），史稱「黑船事件」。

1854 年　佩里再次抵達日本，簽署第一份美日條約，強迫日本開放下田與箱根。隨後，英國、俄羅斯與荷蘭也分別強迫日本開放。

1858 年　第二份美日條約迫使日本接受有限貿易；
額爾金（Elgin）勳爵與日本締結類似條約。

1859 年　阿禮國（Sir Rutherford Alcock）抵達日本，擔任英國駐日本總領事（後升格爲公使），並在江戶（今東京）品川的東禪寺建立第一個英國公使館。

1861 年　第一次東禪寺事件，英公使館秘書奧利芬特（Oliphant）與長崎領事 Morrison 受傷。

1862 年　阿禮國回英國度假。尼爾（Neale）上校擔任使館秘書和代辦，將使館從橫濱搬回東禪寺。第二次東禪寺事件爆發。
9 月，薩道義抵達日本。
生麥事件爆發，英國商人理查德森在東海道生麥村被殺。

1863 年　英國與薩摩藩無法就生麥事件賠償、懲凶問題達成協議，英國艦隊炮轟鹿兒島。

1864 年　英國駐日本軍隊中巴爾德溫（Baldwin）少校和伯德（Bird）上尉在

〔註 1〕Ian C.Ruxton:The Diaries And Letters of Sir Ernest Mason Satow (1843～1929), A Scholar- Diplomat in East Asia, The Edwin Mellen Press (Lewiston- Queenston- Lampeter), 1998, p.430～431.

橫濱鐮倉被殺。

1865 年　巴夏禮（Harry Parkes）抵達日本，爲第二任英國駐日公使。

1866 年　後來成爲薩道義的密友、也是西方著名日本問題專家的米特福德（A・B.Mitford）抵達日本。

1868 年　日本倒幕維新成功，明治政府成立。

1869 年　薩道義回英國度假。

1870 年　薩道義返回日本。

1871～73　日本岩倉使節團訪問美國和歐洲。

1875 年　薩道義再次回英國度假。

1877 年　薩道義返回日本；西南戰爭爆發。

1878 年　薩道義被派往朝鮮。

1881 年　英國喬治（George）親王和阿爾伯特（Albert）親王訪問日本。

1882 年　有關日本修約問題的初期會議召開。

1883 年　薩道義第三次回英國度假。

1884 年　薩道義被任命爲駐曼總領事。10 月份訪問日本。

1885 年　薩道義晉升爲英國駐暹羅（今泰國）公使。

1886 年　（6 月至 8 月）薩道義訪問日本。

1887 年　薩道義離開暹羅，回英國度假。

1889 年　薩道義被任命爲英國駐烏拉圭公使。日本《明治憲法》頒佈。

1893 年　薩道義離開烏拉圭，轉任英國駐摩洛哥公使。

1894 年　日本與以英國爲首的西方列強完成修改條約問題。從 1899 年開始，治外法權將被廢除。

1894～95 年　中日甲午戰爭，日本獲勝。

1895 年　薩道義離開摩洛哥，擔任英國駐日公使。經由倫敦抵達日本。

1900 年　薩道義離開日本。5 月至 8 月，在英國度假。9 月底抵達中國。

1900～01　中國義和團運動爆發，《辛丑條約》簽訂。

1902 年　英日締結同盟條約。

1903 年　薩道義回英國度假。

1904～05 年　日俄戰爭。

1906 年　薩道義離開中國，經由日本返回英國，這是薩道義最後一次訪問日本。

1907 年　薩道義參加第二屆海牙國際和平會議。不久退休，專心寫作與講學。

1908 年　薩道義獲得牛津大學民法博士（D.C.L,Docotor of Civil Law）榮譽學位和劍橋大學法律博士（LL.D,legume doctor, Doctor of Laws）榮譽學位。

6 月 13 日，在劍橋大學主持瑞德講座（Rede Lecture）〔註 2〕，演講題目是《一位（19 世紀）五十年代的奧地利外交官》（An Austrian Diplomatist in the Fifties）。

1909 年　薩道義爲《劍橋現代史》（Cambridge Modern History）第九卷撰寫一章《遠東（1815～71）》。

1913 年　薩道義出售自己收藏的所有日文書籍。

1917 年　薩道義完成《外交實踐指南》（A Guide toDiplomatic Practice）一書。

1921 年　薩道義出版《一位在日外交官》（A Diplomat in Japan），系統回顧自己在幕末維新時的駐日生涯，是一部不可多得的「明治維新親歷記」。

1929 年 8 月 26 日，薩道義在 Ottery St.Mary（Devonshire）逝世。

〔註 2〕劍橋大學的瑞德講座迄今已有五百多年歷史，每年由劍橋大學校長指定一位演講者。

附錄二：薩道義論著目錄〔註1〕

（T.A.S.J.爲《日本亞洲協會會刊》（Transactions of the Asiatic Society of Japan）的縮寫。筆者注）

一、薩道義在日本研究領域的豐碩成果

1864年12月24日，薩道義在《北華捷報》（North China Herald）上發表處女作：《處決兩位涉嫌殺害巴爾達溫少校和伯德中尉的日本人》（*The Execution of the two Japanese suspected of having been implicated in the murder of Major Baldwin and Lieutenant Bird*）〔註2〕，介紹幕末時期日本政府處死兩名涉嫌殺害英國軍官的日本浪人之事。

1865：1、《對浪人清水清次之審判記錄（譯稿）》（*The record of the Trial of the Ronin Simidsu Seiji*）〔註3〕；2、《有關遠征下關行動的日方記錄》（*Japanese Account of the Expedition to Simonoseki*）〔註4〕，介紹日本檔案中對1864年英美法荷四國聯合艦隊炮轟下關行動的記錄；3、《日文的書寫幾種形式》（*The Various Styles of Japanese Writing*）〔註5〕；4、《〈尾蠅歐行漫錄〉的一處混亂記載》（*A Confused Account of a trip to Europe like a Fly on a Horse's Tail.(A translation of the diary of a member of the Japanese Embassy to Europe in 1862～63)*）〔註6〕。

〔註1〕本目錄的腳注指的是該文最早發表的時間、刊物。筆者注。

〔註2〕*North China Herald*, Dec. 24, 1864.

〔註3〕*The Japan Commercial Nesws*. Jan 4, 1865.

〔註4〕*The Japan Commercial News*. Jan.4, 1865.

〔註5〕*Chinese and Japanese Repository.* No.20, Mar. 1865.

〔註6〕*Chinese and Japanese Repository.*No.24～No.29, July～December, 1865,Japan Times. Sep.15, 1865～Mar.9, 1866.

1866：《英國策論》（*British Policy*）〔註 7〕，薩道義認爲英國在日本幕末維新時期所應採取的政策是支持維新派推翻幕府統治。這一政策後被英國政府採納，成爲英國政府對日政策的基石。

1870：《蝦夷的阿依努人》（*The Ainos of Yezo*）〔註 8〕。

1871：1、（譯作）《日本史上的一頁：〈插圖太閤史〉摘要》（*An Episode in Japanese History:An Extract from a book entitled "The Illustrated History of Taikosama". (A translation)*）〔註 9〕；

2、（譯作）《後條家族史：選自賴山陽〈日本外史〉》（*The History of the Hojo Family:A Fragment from the Nihon Guaishi of Rai Sanyo*）〔註 10〕。

1872：1、（譯作）《〈日本外史〉：源氏家族早期史》（*Nihon Guaishi:Earlier History of the Minamoto Family*）〔註 11〕；

2、（譯作）《〈日本外史〉：源氏家族信史》（*Nihon Guaishi:Actual History of the Minamoto Family*）〔註 12〕；3、《琉球筆記》（*Notes on Loochoo*）〔註 13〕，該文是薩道義於 1872 年 10 月 30 日爲日本亞洲協會撰寫的論文，發表後影響很大，很多研究琉球問題的學者都引用其觀點〔註 14〕。

1873：1、（譯作）《近世史略》（*Kinsei Shiriaku*）〔註 15〕；

2、（譯作）《日本 *1853～1864.*》（*Japan 1853～1864*）〔註 16〕；

3、（兩卷）《官話：供學生使用的江戶口語 25 項練習》（*Kwaiwa Hen: Twenty-Five Exercises in the Yedo Colloquial,for the Use of Students*）〔註 17〕；

〔註 7〕*Japan Times*.Mar.16,May 4 & May 19, 1866.

〔註 8〕*Phoenix*.No.1, July 1870.

〔註 9〕*Phonix*.No.17, Nov.1871.

〔註 10〕*Japan Weekly Mail*. Dec.30, 1871～Mar.2, 1872.

〔註 11〕*Japan Weekly Mail.* Mar.30, 1872～May 25, 1872.

〔註 12〕*Japan Weekly Mail.* June8～Sep. 7, 1872.

〔註 13〕*T.A.S.J.Vol.1,1874,Phoenix, No.35,1873,Japan Weekly Mail. May 3,1873, North China Herald Apr.10,1873.*

〔註 14〕1879 年 12 月 13 日，英國《泰晤士報》刊登一篇文章《The Loochoo question》，作者 E.J.Reed 多次在該報發表文章，他在文中就多次引用薩道義的這篇文章。

〔註 15〕*The Japan Mail, Yokohama, 1873, Japan Weekly Mail*. Mar. 15～May 24, 1873.

〔註 16〕*(A translation of Genji Yume Monogatati)* Yokohama,1873.

〔註 17〕Lane, Crawford & Co., Yokohama, 1873.

4、《日本地理》（*The Geography of Japan*）〔註18〕。

1874：1、《日本編年史表》（*Japanese Chronological Tables*）〔註19〕；

2、《伊勢神宮》（*The Shin-tau Temples of Ise*）〔註20〕；

3、《純粹神道的復活》（*The Revival of Pure Shin-tau*）〔註21〕。

1875：《日光指南》（*A Guide Book to Nikko*）〔註22〕。

1876：《英日口語詞典》（*An English-Japanese Dictionary of the Spoken Language*）〔註23〕。

1877：1、《日本基督教事業衰落的原因》（*Observations upon the Causes which led to the Downfall of the Christian Mission in Japan*）〔註24〕；

2、《煙草傳入日本》（*The Introduction of Tobacco into Japan*）〔註25〕。

1878：1、《在薩摩藩的朝鮮陶工》（*The Korean Potters in Satsuma*）〔註26〕；

2、《日本的消防演習》（*The Use of the Fire-Drill in Japan*）〔註27〕；

3、《1878 年與迪金斯同遊八丈島》（*Notes of a Visit to Hachijo in 1878,with F.V.Dickins*）〔註28〕；

4、（譯自德文）《日本的氣候》（*"The Climate of Japan" by J.J.Rein*）〔註29〕；

5、《古代日本人的神話傳說和宗教祭祀》（*The Mythology and Religious Worship of the Ancient Japanese*）〔註30〕；

6、《日本古代風俗一》（*Ancient Japanese Rituals*）〔註31〕；

7、《山口縣教會變遷史》（*Vicissitudes of the Church at Yamaguchi 1550～1586*）〔註32〕。

〔註18〕*T.A.S.J. Vol.1, 1874, Japan Weekly Mail.* Apr.12, 1873.
〔註19〕(Privately printed) Nisshusha, Tokyo,1874.(Feb.18).
〔註20〕*T.A.S.J. Vol.2, 1874, Japan Weekly Mail.* Mar.7, 1874.
〔註21〕*T.A.S.J. Vol.3, Appendix, 1875, Japan Weekly Mail.* Aug. 29～Dec.26, 1874.
〔註22〕*The Japan Mail*,Yokohama,1875.
〔註23〕*with M.Ishibashi,*Trubner & Co., London, 1876.
〔註24〕T.A.S.J.Vol.6, Part 1, 1878.
〔註25〕T.A.S.J.Vol.6,Part 1,1878, Japan Weekly Mail. Nov.17, 1877.
〔註26〕T.A.S.J.Vol.6,Part 2,1878, Japan Weekly Mail. Mar.2, 1878.
〔註27〕T.A.S.J.Vol.6,Part 2,1878, Japan Weekly Mail.Mar.16, 1878.
〔註28〕T.A.S.J.Vol.6,Part 3,1878, Japan Weekly Mail.July 27～Aug.17, 1878.
〔註29〕T.A.S.J.Vol.6,Part 3,1878, Japan Weekly Mail. Aug. 24～Sep.14, 1878.
〔註30〕Westminster Review.54, July 1878.
〔註31〕Part 1.T.A.S.J.Vol.7, Part 2,1879.
〔註32〕T.A.S.J.Vol.7, Part 2, 1879.

1879：1、《日文字母的音譯》（*On the Transliteration of the Japanese Syllabary*）〔註 33〕；

2、《日本古代風俗二》（*Ancient Japanese Rituals* PartII）〔註 34〕。

1880：1、《答覆艾德金斯：ち與つ的區別》（*Reply to Do.Edkins on 'chi'and 'tsu'*）〔註 35〕；

2、《？》（*Ancient Sepulchral Mounds in Kaudzuke*）〔註 36〕。

1881：1、《日本古代風俗三》（*Ancient Japanese Rituals.Part III*）〔註 37〕；

2、《日本中部和北部旅行手冊》（*A Handbook for Travellers in Central and Northern Japan*）〔註 38〕；

3、《對艾德金斯博士的著作〈十五世紀的華和詞典〉的評論》（*Notes on Dr.Edkins's paper "A Chinese-Japanese Vocabulary of the Fifteenth Century"*）〔註 39〕；

4、《日本早期印刷史》（*On the Early History of Printing in Japan*）〔註 40〕。

1882：《再評早期韓文與日文書籍活版印刷形式》（*Further Notes on Movable Types in Korea and Early Japanese Printed Books*）〔註 41〕。

1884：《十七世紀日本與暹羅關係史》（*Notes on the Intercourse between Japan and Siam in the Seventeenth Century*）〔註 42〕。

1888：（私印）《日本耶穌會刊行書志解說（*1591～1610*》）（*The Jesuit Mission Press in Japan,1591～1610*）〔註 43〕。

1890：《西班牙和葡萄牙在日本角力的起源》（*The Origin of Spanish and Portuguese Rivalry in Japan*）〔註 44〕。

1899：1、《日本耶穌會刊行書志解說》（*The Jesuit Mission Press in Japan*）〔註 45〕；

〔註 33〕T.A.S.J.Vol.7, Part 3, 1879. Japan Weekly Mail.June 21～July 5, 1879.
〔註 34〕T.A.S.J.Vol.7, Part 4, 1879.
〔註 35〕T.A.S.J.Vol.8, Part2, 1880.
〔註 36〕T.A.S.J.Vol.8, Part 3, 1880.
〔註 37〕T.A.S.J.Vol.9, Part 2, 1881.
〔註 38〕in association with A.G.S. Hawes, kelly &Co.,Yokohama, 1881.
〔註 39〕T.A.S.J. Vol.10, Part 1, 1882.
〔註 40〕T.A.S.J. Vol.10, Part 1, 1882.
〔註 41〕T.A.S.J. Vol.10, Part 2, 1882.
〔註 42〕T.A.S.J. Vol.13, Part 2, 1885.
〔註 43〕Privately printed in England, 1888.
〔註 44〕T.A.S.J. Vol.18, Part 2, 1890.
〔註 45〕T.A.S.J. Vol.27, Part 2, 1899.

2、《日本竹子的栽培》（*The Cultivation of Bamboos in Japan*）〔註46〕。

1900：《約翰・薩里斯船長1613年日本航行記（*The Voyage of Captain John Saris to Japan,1613*》）〔註47〕。

1909：《遠東（1815～1871）：（1）中國及其與西方列強的互動；（2）日本》（*The Far East,1815～1871.(1) China and Her Intercourse with Western Powers, (2) Japan*）〔註48〕。

1921：《一位在日外交官》（*A Diplomat in Japan*）〔註49〕，該書詳細地記錄了幕末明治時期日本與西方列強關係史，同時也是這個時期日本政治史研究的重要參考資料，廣爲後世各國學者引用和借鑒。

二、薩道義在其他領域的研究成果

除日本問題研究外，薩道義在其他領域也著述頗豐，涵蓋朝鮮、暹羅（今泰國）、老撾、印度及國際關係理論等問題，多達二十餘部（篇），尤其是關於國際關係理論方面的著作更是奠定了其理論家的地位。

1882：《一部梵文手稿》（*A Sanskrit Manuscript*）〔註50〕。

1884：《朝鮮地名錄》（*List of Korean Geographical Names:An Index to the Map of Korea published at Gotha*）〔註51〕。

1886：1、《有關暹羅研究著作的論文》（*Essay towards a Bibliography of Siam*）〔註52〕；

2、《？》（*Report on the Country Traversed by Mr.Satow in his Journey to Chienmai in December, 1885 and January, 1886*）〔註53〕。

1892：1、《老撾——上暹羅》（*The Laos States, Upper Siam*）〔註54〕；

2、《訪問暹羅素可泰遺址》（*Visit to the Ruins of Sukkhothai and Sawankhalok, Siam*）〔註55〕。

〔註46〕T.A.S.J. Vol.27, Part 3, 1899.

〔註47〕Edited from Contemporary Records by Sir Ernest M. Satow. Printed for the Hakluyt Society. Bedford Press, London, 1900.

〔註48〕Cambridge Modern History. The Growth of Nationalities. 1909.

〔註49〕Seely, Service & Co., London, 1921.

〔註50〕The Chrysanthemum. Jan 1882.

〔註51〕The Japan Mail.Yokohama, 1884.

〔註52〕Journal of the Straits Branch of the Royal Asiatic Society. Singapore, 1886.

〔註53〕Foreign Office Paper. London, 1886.

〔註54〕Journal of the Society of Arts. Jan. 1892.

〔註55〕Journal of the Society of Arts. Aug. 1892.

1894：《菩陀生平》（*Life of Buddha*）〔註 56〕。

1907：爲《中華帝國》一書作序：《中華帝國：一項整體和宗教性質的調查》（*The Chinese Empire:A General and Missionary Survey)*〔註 57〕。

1908：《一位（十九世紀）五十年代的奧地利外交官》（*An Austrian Diplomatist in the Fifties*（*The Rede Lecture delivered in the Cambridge Senate-House on June 13,1908*）〔註 58〕。

1909：1、爲《聖・特蕾莎：有關其基金會的歷史》一書作序（*Preface to "Saint Theresa: The History of her Foundations"*）〔註 59〕；

2、《第三共和國的建立》（*The Foundation of the Third Republic*）〔註 60〕。

1911：《海上私有財產豁免權》（*The Immunity of Private Property at Sea*）〔註 61〕。

1913：《戰爭時期海上私有財產》（*Private Property at Sea in Time of War: A Reply to Lord Avebury*）〔註 62〕。

1915：1、《如何應對敵人結盟》（*The Treatment of Enemy Aliens*）〔註 63〕；

2、《西里西亞貸款與腓特烈大帝》（*The Silesian Loan and Frederick the Great*）〔註 64〕。

1917：《外交實踐指南》（*A Guide to Diplomatic Practice*）〔註 65〕。

1920：《國際議會》（*International Congresses*）〔註 66〕。

1921：《歐洲的重組》（*The Reorganization of Europe*）〔註 67〕。

1923：1、《締造和平：新舊有別》（*Peacemaking Old and New*）〔註 68〕；

2、《有約必守或國際保障》（*Pacta Sunt Servanda or International*

〔註 56〕Journal of the Buddhist Text Society. Calcutta, 1894.

〔註 57〕edited by M. Broomhall. Morgan & Scott, London, 1907.

〔註 58〕University Press, Cambridge, 1908.

〔註 59〕Translated from the Spanish by Sister Agnes Mason.University Press, Cambridge, 1909.

〔註 60〕Quarterly Review 210 ,pp.86～114.

〔註 61〕Quarterly Review.214 （Jan.1911）,215 （July 1911）.

〔註 62〕*Nineteenth Century and After*.73,Feb.1913.

〔註 63〕Quarterly Review.October 1915. Reprinted in Grotius Society, Problems of the War 2,1917.

〔註 64〕Clarendon Press, Oxford, 1915.

〔註 65〕Longman, Green & Co., London, New York, 1917.

〔註 66〕His Majesty's Stationery Office, London, 1920.

〔註 67〕Quarterly Review 235, pp.1～20.

〔註 68〕Cambridge Historical Journal. 1(3), 1925.

Guarantee）〔註 69〕；

3、《薩道義家譜》（*The Family Chronicle of the English Satows*）〔註 70〕。

1927：《唐納德・詹姆士・馬凱爵士》（*Lord Reay, Donald James Mackay*）〔註 71〕，這是薩道義爲紀念 1902 年曾來華簽訂《中英通商章程條約》的英方代表馬凱爵士而作。

〔註 69〕Cambridge Historical Journal. 1(3), 1925.

〔註 70〕Privately printed, Oxford, 1925.

〔註 71〕In Dictionary of National Biography, 1912～1921. Oxford University Press, 1927.

附錄三：薩道義 1906 年卸任英國駐華公使之職回國前的拍賣書單〔註1〕

60（兩白銀）〔註2〕 Vols. Jean Paul's Berfe by Richter

11 Schiller's Werke

1 Common Law in the Church of England by Maitland

2 The Law of Nations by Travers Twiss

3 Traites de Legislation By Bentham

1 Principles of Legislation

1 Rationale of Punishment

1 Rationale of Reward

1 Westlake on Private International Law

1 Marriage Law of England by Hammick

2 International Law by W.E.Hall

1 Private International Jurisprudence by J.A.Foote

3 Guide Diplomatique by DeMartens

2 Guia Practica del Diplomatico Espanol by A.de Castro

1 Village Communities by Maine

1 L'arbitrageInternational-Michel Revon

1 Handbook to Political Questions Buxton

〔註1〕該清單現藏於日本東京的東洋文庫。筆者注。

〔註2〕單位：兩白銀，下同。筆者注。

1 Representative Government-Mills
3 History of England-Hallams
1 Europe During the Middle- Ages Hallams
2 History of England- Knightley
1 History of Rome-Knightley
1 History of France-Bonnechose
4 Les Convulsions de Paris-M.Du.Camp
2 Storia Di Savanarola-Villari
2 Italy under Victor Emmanuel-Count Arrivabene
1 Book of the Church-Southey
2 Histoire de Leglise de Corie-Dallet
2 Life of Seward-Bancroft
1 The Many-sided Franklin-P.L.Ford
1 Townsend Harris –Griffis
1 A Maker of the New Orient-Griffis
1 Diary of John Evelyn Denison-
1 Cromwell's Place in History-S.R. Gardiner
1 Lord John Russell-S.J.Reid
1 Life of Prescott-Ticknor
4 Life of Stein Seeley
1 Okoubo-M.Courant
……
2 Zellers Stoics Epicureans and Sceptics Transtated by Reichel
1 Social Statics –Spencer
1 Contemporary English Phychology-Prof.T.Ribot
2 History of Philosophy-Lewes
1 The Method of Ethics-H.Sedgewick
1 Prolegomena to Ethics
1 Auguste Comte and Positivism-J.S.Mill
2 Geschiete des Materialismus-Lange
1 The Principle of Population-Malthus

1 Examination of Sir William Hamilton's Philosophy-J.S.Niell
1 An Essay on the Influence of Authority in Matters of Opinion-Lewis
1 Early History of Mankind-Tylor
2 Primitive Culture-Tylor
2 Cultur Geschichte-Von Hellwald
1 On the Origin of Civlization,&.-Sir John Lubbock,Bt
1 Entstehung Der Schrift-Wuttke
1 The Night of the Gods-J.O'Niell
3 An Account of the Abipones-Bodrizhoffer
1 Natural Religion-By Author of Ecce Homo
1 Early Prose Romances-Henry Morley
2 Matthew Arnold's Poems
5 British Drama
1 English Prose Writings of John Milton-Henry Morley
2 Winterslow-William Hazlitt
1 The Lady of La Garaye –Hon Mrs.Norton
1 Poems and Ballads-Swinburne
1 Heroes and Hero Worship-J.Carlyle
1 Modern Poets of Faith.Doubt and Paganism-A.Lyttleton
1 Choice Poems of Heine-Oddie
1 Japanische Dichtungen-K.Florenz
3 Dante Divina Commedia
11 Shakspere
2 The Middle Kingdom-Williams
1 Sacred Books of the East-J.M.Mu(:)ller
1 Chinese and Japanese Repository
1 An Australian in China-G.E.Morrison
1 The Chinese Reader's Manual-Mayers
1 The land of the Boxers-Capt G. Casserley
2 China in Convulsion-Smith
1 Les Troubles de Chine-Allier

1 Morrison's Chinese Dictionary《馬禮遜英華字典》
1 Story of the China Inland Mission-G.Guinness
3 Chinese Repository
1 En.Mongolie-Comte de Lesdaine
1 The French in Tonkin and S.China-Alf.Cunningham
21 China Commercial-Consular Reports
1 The Soul of a People –Fielding
1 A Winter Pilgrimage in Palestine Italey and Cypress-Rider Haggard
1 The Adventurer in Spain-S.R.Crockett
1 Surveying and Exploring in Siam-J.McCarthy
1 Report of a Survey in Siam-in 1894
2 Russia-Mackenzie Wallace
2 Lhasa-P.Landon
2 Essays by Robert Marquess of Salisbury
1 Handbook on Proverbs
1 A Secretary of Legation-Dawlish
1 Chinese Characters
1 Grammaire Mandchou
1 Manchu Grammar《滿文語法》
1 Corean Primer-Ross
1 Les Amours de Li Ta Tchou
1 The Wallet of Kai Lung-Ernest Bramah
1 Penal Code of China-Staunton
2 Tsu(:) Erh Chi
1 Catalogue of Chinese Books &.,in British Museum
1 Catalogue of Japanese Books
1 China's Millions.1900
1 Archaeological Exploration in Chinese Turkestan
8 Edinborough Review
8 Quarterly Review
14 Diamond Classics

1 Our Trade in the World in Relation to Foreign Competition
1 Literature and Dogma –Matthew Arnold
1 The Choice of Books-F.Harrison
2 Life and Letters of Maria Edgeworth-Hare
3 Les Quarante Cinq
1 La Mission de Contant Biron
1 Der Katzinsteg-Sudermann
1 Usbein-Schubin
4 TheNaval Annual-T.A.Brassey
2 British Butterflies-Stainton
1 A Guide to Lisbon
1 Fifty Bab Ballads
1 Froissart's Modern Chronicles
8 Choixdes Lettres Edifiante-Tome
1 Dante
1 Jurisprudential Anteinstinianae-Husckke
1 Message from the President of United States
1 Chinese Atlas

附錄四：庚子和談期間外交團內部會議一覽表〔註1〕

編號	日期	議題	會議結果	主題
1	1900年9月15日	討論清廷回鑾問題。	勸清廷盡早回鑾，以促進談判開展。	談判
2	1900年10月26日	討論懲辦「兇手」問題（對華談判的先決條件）。	確定對11名「禍首」官員處以死刑。	懲辦
3	1900年10月28日	討論10月4日法國提出的六點談判基礎，並進行補充。	確定了賠償人員的範圍包括因爲外國人服務而遭受生命財產損失的中國人。	懲辦
4	1900年10月31日	繼續討論對華談判基礎。	取得多項進展，薩道義提出下次討論商務問題。	談判
5	1900年11月5日	1、完成對華談判基礎的討論；2、討論中方照會；3、討論使館區邊界劃定問題；	1、同意成立由美、奧、法三國組成草案委員會，負責起草對華聯合照會的序言；2、中國政府應按各國要求修改商約；3、中國應採納外國所提財政措施以保證賠款和利息的償付；4、爲保證不再發生動亂，清廷應頒佈諭旨令官員對治安負責。	談判、使館區、賠款
6	1900年11月9日	審閱對華聯合照會草案。	俄使格爾斯妥協同意改革總理衙門及修改外國公使覲見利益等。	聯合照會

〔註1〕本表係筆者根據薩道義的日記及信函等資料製作而成。

7	1900年11月12日	1、處罰端郡王載漪及董福祥問題；2、修改聯合照會序言。	兩個議題都延後處理。	懲辦、聯合照會
8	1900年11月13日	繼續討論聯合照會草案。		聯合照會
9	1900年11月19日	繼續討論聯合照會草案。	薩道義強烈要求照會李鴻章，將董福祥從清廷內部清除。	聯合照會
10	1900年11月24日	1、修改並通過聯合照會草案。2、討論使館區界限、懲辦、大沽炮臺處及照會形式的問題。3、修改意使關於控制中國財政以保證賠款的建議。	1、薩道義認爲新使館區面積過大；2、康格認爲向內地深入的軍事遠征嚴重破壞和談進程；3、同意聯合照會草案，如各國政府授權代表簽署照會，外交團將盡快與中國全權大臣會見。4、同意了意使的控制中國財政的建議。	聯合照會、使館區、軍事、賠款
11	1900年12月4日	確認聯合照會內容，主要是在死刑問題和「不可更改（irrevocable）」一詞的存留問題上爭論激烈。	1、同意刪除「死刑」；2、美英公使力主刪除「不可更改」一詞，日俄也表示支持；3、多國公使已得到政府訓令同意簽署，尚有英國、美國待定。	懲辦
12	1900年12月10日	1、討論李鴻章和慶親王奕劻的全權資格問題；2、商討與中方代表談判的程序問題。	1、只要李鴻章和奕劻可以獲權使用清廷御璽，全權資格即可得到承認；2、成立了由俄、德、英三國公使組成的委員會隸屬外交使團，處理與中方談判的事宜，確定集體行動時由外交團領袖葛絡幹擔任報告起草人。	談判
13	1900年12月19日	1、討論英國在死刑問題上的聲明；2、聯合照會修訂。	兩者都通過。	死刑、聯合照會
14	1900年12月20日	原定於下午簽署聯合照會，美使發生變故，華盛頓要求刪除「不可更改」一詞。	除美使康格外，其他各國公使都簽署聯合照會。	聯合照會

15	1900年12月22日	討論與中方談判的程序問題及聯合照會的翻譯問題。	1、美使康格簽署了聯合照會；2、議定邀請中方代表會晤；3、確定了聯合照會的中文文本。	聯合照會、談判
16	1900年12月24日	遞交了聯合照會，中外雙方審查「全權代表」的資格。		聯合照會、談判
17	1901年1月22日	1、討論如何回覆中方代表；2、討論懲罰方式問題，尤其是對端郡王載漪、輔國公載瀾、董福祥等人的死刑判決。	1、成立由法、奧、意、英四國公使組成的委員會，起草並最終議定對中國全權大臣的覆函；2、對提出對外友好而被草草處死的五位大臣給予褒恤，後又加上張蔭桓，共六人。	懲辦
18	1901年1月24日	繼續討論懲罰方式問題。	批准對中方代表的照會草案。	懲辦
19	1901年2月5日上午	與中方討論懲罰方式問題。	關於死刑問題，未達成一致。	懲辦
20	1901年2月5日下午	內部討論懲罰方式問題。	1、不再對中國讓步；2、通過必須懲辦的人員名單及其應受的懲罰；3、將端郡王載漪和輔國公載瀾處以死刑；4、再度提出褒恤問題。	懲辦
21	1901年2月6日	討論懲罰方式的照會並潤色中國代表提交的諭旨草案（關於懲辦官員及五位被處死官員的褒恤問題）。	通過關於懲罰方式的對華照會。	懲辦
22	1901年2月12日	討論使館區計劃及評估個人索賠的原則等問題。		使館區、賠款
23	1901年2月16日	1、討論賠款及評估原則；2、討論針對反洋團體的諭旨；3、討論地方官員在反洋騷亂和違法條約問題上的責任。		賠款、懲辦
24	1901年2月18日	討論清廷的兩道諭旨（懲辦、恢復對外友好官員的名譽和官職）。	通過就清廷兩道諭旨所起草的照會。	懲辦

25	1901 年 2 月 26 日	1、討論使館區界限的問題；2、討論被處死的五位官員的問題。	因不滿此前諭旨中的斥責語氣，外交團要求清廷重新頒佈一道諭旨，爲五位被處死的中國官員恢復名譽。	使館區、懲辦
26	1901 年 2 月 28 日	討論各省官員的懲罰問題。	薩道義力主嚴懲，俄使格爾斯反對死刑。	懲辦
27	1901 年 3 月 2 日	宣讀聯軍軍事當局在使館防禦問題上的報告。	1、各國同意向政府彙報該問題，俄、德、英公使不相信暴亂會再次發生。2、定於下次會議開始著手研究賠款問題。	軍事
28	1901 年 3 月 12 日	1、俄使對懲罰方式提出異議，認爲過於嚴厲，薩道義表示反對；2、討論賠款問題，討論是否要將賠款分配問題提交海牙常設仲裁法庭處理，美俄贊成，英美反對。	1、各國公使確認此前會議上對懲罰方式問題的認定，並重新確認一致同意這樣的懲罰方式；2、賠款問題無定論。	懲辦、賠款
29	1901 年 3 月 13 日	1、討論賠款問題的報告；2、宣讀有關第五款軍事武器禁運的報告；3、提出五年內必須停止舉行考試的城鎮名單。	未達成一致。	賠款、軍事、科舉
30	1901 年 3 月 14 日	討論賠款委員會提交的報告。	外交團最後通過賠款委員會的報告，基本確定賠款的原則問題，有待進一步審議。	賠款
31	1901 年 3 月 18 日	逐條討論了賠款委員會的報告，在提交外交團會議的賠款數額問題上有爭議。	1、5 月 1 日定爲私人賠款申請的截止日期；2、對美國修正案進行表決，各占一半，美國主張將各國賠款總數提交外交團會議，英國主張將各項具體賠款要求的數額及要求賠償的戰爭費用數目提交外交團會議。	賠款
32	1901 年 3 月 19 日	討論有關武器禁運問題的報告，以及關於戰爭賠款、武器禁運、使館衛隊規模等問題。	通過關於武器禁運問題的報告。	軍事、賠款

33	1901年3月22日	1、討論懲罰問題，提出進一步的懲罰要求；2、討論爲使館區制定治安規則；3、研究中國財源問題。	由英、法、德、日四國公使組成財政委員會研究中國的財源，用以償付所有對外賠款。	懲辦、使館區、賠款
34	1901年3月29日	1、討論賠償問題；2、討論賠償委員會的報告；3、討論聯合照會第八、九款的執行問題。	1、通過改革總理衙門和外國覲見禮儀的報告；2、決定在華軍隊司令召開會議討論軍事條款的執行問題；3、將私人賠償的申請延遲至5月14日。	賠款、軍事
35	1901年4月3日	賠款問題。	聽取天津德華銀行的KUMP就有關賠款問題做陳述。	賠款
36	1901年4月16日	1、討論關於改革總理衙門和朝廷禮儀的對華照會；2、討論第八款軍事措施的執行情況；3、討論撤軍及將行政管理權移交中國人的必要性。	1、在撤軍和歸還管理權方面除德國外，其他國家都贊成；2、軍事措施上，美日反對夷平軍事工事，委員會則主張摧毀軍事工事、兵營、武庫。	禮儀、軍事、撤軍、政權
37	1901年4月17日	1、繼續討論第八款的執行問題；2、討論撤軍問題；3、將地方政府移交中國當局的問題；4、討論賠償要求的評定問題。	1、通過了第八條的執行決定，夷平炮臺，拆毀其他軍事工事；2、其他問題未達成一致。	軍事、撤軍、政權、賠款
38	1901年4月19日	與周馥、徐壽朋、那桐討論中國可用於支付賠款的財源。	詳細瞭解中國的財源狀況和支付方式。	
39	1901年4月23日	研究美國關於向中國要求賠款問題的建議。	代表們基本認可賠償總數需要在中國的償付能力之內，最終可能要做一定縮減。	賠款
40	1901年5月1日	聽取賠款償付問題委員會報告，討論貸款擔保、財源問題。	初步估算各國損失和支出將近6700萬英鎊，將通知中國全權大臣，並詢問償付辦法。	賠款
41	1901年5月7日	討論中國賠款賠付方式的報告。	外交團將向中國全權大臣提出聲明，各國付出款項的總額到7月1日爲止，共計約4.5億兩。	賠款

42	1901年5月9日	宣讀中國全權大臣關於更改朝廷禮儀問題的來函。	通過了對清廷的覆函。	禮儀
43	1901年5月11日	1、研究天津臨時政府和北京使館區問題；2、宣讀了中國反對實施部分城鎮「停止科舉考試」條款的照會；3、黃浦江治理問題。	1、通過了對中方反對停止科舉考試照會的覆函；2、成立法德英美組成的委員會解決黃浦江治理問題。	使館區、科舉
44	1901年5月22日	討論中國關於賠款償付問題的照會（表示如總額爲 4.5 億兩則中國準備考慮如何償付）。	通過了對華照會，要求中國說明打算如何支付 4.5 億兩賠款的利息。	賠款
45	1901年5月23日	繼續討論英國關於中國賠付問題的提議（5月14日薩道義備忘錄）中是否以債權爲償付方式、分期付款方案等。	大多數國家贊成發行債券償付欠款。	賠款
46	1901年5月25日	1、使館區界限問題；2、償付問題，討論建立收款委員會；3、停止科舉考試問題。	未取得進展。	使館區、賠款、科舉
47	1901年5月28日	1、討論移交天津臨時政權問題；2、討論北京會試取消問題。	未取得一致。	政權、科舉
48	1901年6月1日	討論中國分期償付賠款的方案。	未取得一致。	賠款
49	1901年6月3日	聽取中方有關付款問題的計劃。	中方提出的分期付款計劃被否定（五十年內支付本息，前三十年還本，後二十年還息，未計算孳息），中方接受賠款委員會擬定的計劃。	賠款
50	1901年6月11日	討論哪些財源作爲償付賠款的本息專款。	未取得一致。	賠款
51	1901年6月15日	討論賠款財源問題。	未取得一致。	賠款
52	1901年6月19日	討論賠款截止日期問題（7月1日）及增加關稅問題。	未取得一致。	賠款

53	1901 年 6 月 27 日	1、暫停科舉考試的諭旨；2、在覲見禮儀問題上的妥協；3、使館區域問題。	決定在清廷利益問題上妥協。	科舉、禮儀、使館區
54	1901 年 7 月 3 日	1、分期攤付賠款的新方案；2、將北京的地方行政權移交中國；3、將賠款問題提交海牙國際仲裁法庭。	未同意提交海牙國際法庭。	賠款、政權
55	1901 年 7 月 18 日	1、討論賠款問題；2、討論停止科舉考試問題；3、討論軍事禁令的期限，俄國主張五年，日美主張兩年。	英俄關於關稅增加問題的僵局成爲障礙。	賠款、科舉、軍事
56	1901 年 7 月 26 日	1、關於預備擔保問題；2、討論禁止輸入武器問題。	英俄關於預備擔保問題的爭議得到圓滿解決。	賠款、軍事
57	1901 年 8 月 12 日	討論關於談判結果的最後議定書。	1、除英國對「爲修定稅則成立國際委員會」一款保留意見外，其他部分都打成協議；2、明確通過最後議定書；取消成立國際委員會，英國打算邀請日德美一道參加和中國海關共同修訂稅則的工作。	議定書
58	1901 年 9 月 7 日	簽署《辛丑條約》		簽約

附錄五：中俄滿洲問題談判所涉文件內容對比

《奉天交地暫且章程》(周冕九條)(1900年11月11日/光緒二十六年九月二十日)	增祺與阿列克賽耶夫補充協定〔註 1〕(1901年1月31日/光緒二十六年十二月十日)	維特口述 13款(1901年1月17日/光緒二十六年十一月二十七日)	拉姆斯多夫擬約稿 12 款(1901年2月16日/光緒二十六年十二月二十八日)	楊儒評拉氏約稿12款	俄國最後約稿(1901年3月12日/光緒二十七年正月二十二日)
一、增將軍回任後應保衛地方安靜，務使興修鐵路毫無攔阻損壞。	一、盛京所有官署都移交給中國官員，後者將據已定條款行事。	一、兵費償款由各使在京核定，俄決不多索。	一、俄主願表友好，不念滿洲開釁之事，允將滿洲全行交還中國，吏治一切照舊。		一、大俄國大皇帝欲將待大清國大皇帝之心並保和之念，重行表明，並不念及俄連界之滿洲地方俄國良民居住各處前被攻擊，允將滿洲仍由中國自治，將該地方完全歸還中國。凡未經俄兵佔據以前之一切章程吏治悉仍其舊。

〔註 1〕Korea and Manchuria between Russia and Japan, 1895～1904, p132～132.由於缺少中方檔案支持，此內容係筆者根據英文翻譯過來，措詞或與實際中文版本有所出入。

二、奉天省城等處現留俄軍駐防，一爲保護鐵路，二爲安堵地方。將軍及地方官等應與俄官以禮相待，並隨時盡力幫同。譬如住宿處所及採買糧料等事。	二、允許所有中國官員回歸俄據領土上的原有崗位，中方可以建立警察部隊，大地方名額 500 人，中等地方名額 300 人，小地方名額 200 人。這些警察可以攜帶武器，但必須配備由中俄雙方官府提供的易辨識標誌。	二、東三省中國只可設巡捕兵，仍與俄商定名數。	二、東省鐵路合同第六條，准該公司設兵保路，現因地方未靖，該兵不敷，須留兵一股，至地方平靖及中國將本約末四條辦到之日爲止。		二、查照一千八百九十六年八月二十七號俄華銀行與中國政府訂定建造開辦東省鐵路合同第六條，該鐵路公司有自行管理租歸鐵路地段之權，故准自設保路守兵，現因滿洲地方迄未切實平靖，該守兵不敷安保以後東省路工，俄政府將兵隊一股暫留滿洲，至該處地方平靖，及中國大皇帝將本約第八、九、十、十一等款所載各事辦到爲止。
三、奉省軍隊聯絡叛逆拆毀鐵路，應由奉天將軍將所有軍隊一律撤散，收繳軍械，如不抗繳，前罪免究。至俄隊未得之軍器庫所存各軍裝槍炮，統行轉交俄武官經理。（亮按：此時黑龍江軍械已爲俄搜索殆盡，吉林槍炮爲俄運走，子彈悉拋松江。奉天除陣失外，軍械尚多，故以此爲要挾。）	三、俄軍所捕獲的強盜和叛軍都移交給中國地方當局，按中俄法律處置（原文如此）。	三、東三省簡放將軍，先與俄商明。	三、如遇變急，留駐之兵全力助中國彈壓。		三、所有俄兵其留在滿洲界內時，有遇變急，當全力幫助中國地方官彈壓及平靖地方事務。

四、奉天各處俄軍未經駐紮炮臺營壘由華員偕俄官前往當面一併拆毀，若俄員不用火藥庫亦照前法辦理。（**亮按：奉天省只旅大有炮臺，已爲俄租界；營口炮臺中東之戰已爲日本所毀，重要炮臺損失殆盡。又三省火藥庫其時已爲俄占。**	四、營口關稅及釐金將由俄方臨時徵收，中俄之間已經同意帝國海關待條約簽署後再接管。所有其他稅收都將由盛京將軍控制。	四、將軍處由俄派文武二委員佐之，武稽巡捕兵數，文接洽鐵路公司事件。	四、此次與俄攻擊，華兵尤甚。中國允於路工未竣及開行以前，不設兵隊。他日設兵，與俄商定數日。軍火禁入滿洲。		四、此次與俄國爲敵，查有駐紮滿洲之華兵在內攻打，中國政府爲保建造並開辦東省鐵路無阻暨俄交界地方無事起見，應與俄國政府商定在滿洲兵數及駐紮地方。至**禁運軍火一節，應按照各國公約辦理，其未經各國訂定之前，暫由中國政府自行禁止軍火運入滿洲。**
五、營口等處俄官暫爲經理，俟俄廷查得奉省確實太平再許調換華員。	五、滿洲西部道路目前受到騷擾且不安全。俄軍將從那些地方撤出，故交通可能恢復。營口現在因冰雪而封閉，道路北部之產品（如：煙草、大麻、大豆和穀物等）沒有銷路，至旅順港鐵路可以用於其運輸。	五、滿洲、蒙古暨中國北省，未經俄允許，無論何項利益，不得讓與他國。	五、中國爲保安地方計，凡將軍大員辦事不合邦交，經俄聲訴，即予革職。滿洲內地可設馬步巡捕，與俄商定數目。軍械除炮，供差不用他國人。		五、中國政府欲令與俄連界之滿洲地方平靖並諸事照常，此後地方各將軍及他項大員，倘辦事不合兩國友誼，一經俄國聲請，准予調離。除東省鐵路公司所管地段外，地方各將軍可置設中國馬步巡捕兵一隊，爲彈壓滿洲內地之用。其兵力於地方未經全行平定以前，當與俄國政府會同商定。此隊巡捕兵軍械，不准用炮，供差只用中國人。

六、奉天通省城鎮應聽將軍設立巡捕馬步各隊，保護商民，其餘屯墾堡亦一律照辦，統歸將軍主政，人數多寡、攜帶槍械，另行酌定。	六、俄方可在盛京建立一個定居點，並留駐兩名代表負責國際事務，他們將和中方代表合作，共同商辦這些事。	六、滿洲、蒙古等處中國不得建造鐵路。	六、照中國前允成議，中國北境水陸師不用他國人訓練。		【拉氏所擬約款第六條被刪除】
七、瀋陽應設俄總管一員，以便辦理奉天將軍、遼東總理大臣往來交涉事件，凡將軍所辦要件，該總管應當明晰。	七、營口道臺的職責是控制海關。俄國當局目前控制著洋關稅收。盛京將軍可以命令道臺回歸原位，並與俄方合作管理。	七、金州城歸入租界。	七、爲保安地方計，租地約第五款隙地，由地方官就近另立專章，並將專條第四款金州自治之權廢除。		六、俄國關東租地之北，即一千八百九十八年三月十五號條約第五條訂定之隙地界內，定約兩國當委派本處地方官，會商專章，以期一切照常，地方平靖。
八、將來將軍設立奉天各處巡捕馬步各隊，倘遇地方有事不足於用，無論水陸邊界腹地，可由將軍就近知會俄總管，轉請俄帶兵官盡力幫同辦理。	八、被擊潰的中國軍隊逃跑時大都攜帶有武器。俄國軍事當局不必派兵搜捕他們。盛京將軍將派官員四處搜尋，以免驚擾當地百姓。	八、滿洲稅關歸俄人代理，中國可派員稽查進款。	八、連界各處，如滿蒙及新疆之塔爾巴哈臺、伊犁、喀什噶爾、葉爾羌、和闐、于闐等處，礦路及他項利益，非俄允許不得讓他國或他國人；非俄允許，中國不得自行造路；除牛莊外，不准將地租與他國人。		七、中國政府在滿洲全境內，如未與俄國政府現行商明，不允他國或他國人造路開礦及一切工商利益。
九、前八條遇有評論，以俄文爲準。	九、盛京將軍未獲清廷特命全權大臣職權，故須等待慶親王和李鴻章的談判結果。俄方盼望持久和平。	九、陸路進口貨納稅後，至內地不准加徵內地稅。	九、此次俄兵費、各國賠款均應清還。俄名下賠款數目、期限、抵押，與各國會同辦理。	留兵名爲保路，實注意末四條。	八、此次因中國滋事，俄國政府所耗實在款項，並應給各國賠款，須由中國政府一律清還。各國賠款項內，應給俄國政府之數目暨期限抵押，應與在事各國會同訂定。

	十、增祺將軍將留任滿洲四年，以便重組當地自叛亂以來的社會秩序。	十、中國一千八百九十五年由俄擔保之借款，前訂合同定六個月付息一次，現擬查照英德借款，改訂每月付息一次。	十、被毀鐵路暨公司工師被劫產業，又遲誤路工貼補，均由中國與公司商賠。		九、所有東省鐵路公司所受損失，如大股鐵路被毀，該公司及各執事等產業被劫，以及遲誤造路工程，中國政府應按照各國核准駐京各使擬訂賠款意旨，與該公司商定賠償。
		十一、東三省鐵路兵費賠款未清，中國無權贖回。	十一、上項賠款，可與公司商定，將全數分出若干，以他項利益作抵，該利益可酌改舊合同，或另讓利益。		十、上款所載東省鐵路公司賠款，准由中國政府與該公司商定，將全數或分出若干，用他項利益抵銷，其他項利益，或酌改現行合同，或另外讓給利益。
		十二、山海關至營口鐵路，俄願出費購買。價值若干，即在兵費賠款兩項下扣算。所餘之數、每年應還利息，即在滿洲稅關進款項下每年扣算。	十二、照中國前允成議，自幹路或枝路向京造一路，直達長城，照現行路章辦理。		十一、查一千八百九十八年九月二十八號中國政府向一私家公司借款，造築山海關、牛莊、新民廳至滿洲鐵路，實與中俄成約相背，現在酬報此層，並為滿洲從速平定起見，中國政府允東省鐵路公司建造並開辦鐵路一道，或自東省鐵路某處起，或自滿洲南境支路起，至滿洲直隸交界

					處，之長城爲止照現行東省鐵路合同訂定各款，一律辦理。
		十三、俄保路之兵，約定年限，分期撤退。			

附錄六：俄國外長拉姆斯多夫所提約稿 12 款及中方意見

編號	條款內容	各方意見	中國駐俄公使楊儒意見（1901年2月18日/光緒二十六年十二月三十日）〔註1〕
第一條	俄主願表友好，不念滿洲開釁之事，允將滿洲全行交還中國，吏治一切照舊。	【楊儒致電李鴻章奕劻】第一款「吏治照舊」而不及利權、兵權，應商改爲「一切照舊」。〔註2〕 【軍機處電諭李鴻章奕劻】務再商請展限，寬以時日，從長計議，如不肯緩，則第一款「吏治一切照舊」則政權、利權俱包在內，……或有詞以謝各國，或不致藉口。〔註3〕	禁運滿洲軍火，禁用外人練兵，並及北境水陸，滿蒙新疆，所有金礦礦路利益，一網打盡。
第二條	東省鐵路合同第六條，准該公司設兵保路，現因地方未靖，該兵不敷，須留兵一股，至地方平靖及中國將	【楊儒致電李鴻章奕劻】第二款「辦到之日止」爲日太長，應商改爲「開辦之日爲止」。〔註4〕 【軍機處電諭李鴻章奕劻】務再商請展限，寬以時日，從長計議，如不肯緩，則……第二款「辦到之日」	建入京枝路，鐵路賠款，用他項利益相抵，蓋指關稅礦路等事，隱而未露。其侵我兵權利權，以

〔註1〕轉引自：王芸生《六十年來中國與日本》（第四卷），第89頁。

〔註2〕《軍機處電寄奕劻李鴻章諭旨》光緒二十七年正月二十七日（1901年3月17日），電寄檔，詳見：《清光緒朝中日交涉史料》卷六一，頁十三。

〔註3〕《軍機處電寄奕劻李鴻章諭旨》光緒二十七年正月二十八日（1901年3月18日）到，電寄檔，詳見：《清光緒朝中日交涉史料》卷六一，頁十四。

〔註4〕《軍機處電寄奕劻李鴻章諭旨》光緒二十七年正月二十七日（1901年3月17日），電寄檔，詳見：《清光緒朝中日交涉史料》卷六一，頁十三。

	本約末四條辦到之日爲止。	改爲「開辦之日」……或有詞以謝各國，或不致藉口。〔註5〕	圖自便，可謂周密深遠。凡此均彼牢不可破之成見，特乘此時藉此約要求而條訂之也。
第三條	如遇變急，留駐之兵全力助中國彈壓。		
第四條	此次與俄攻擊，華兵尤甚。中國允於路工未竣及開行以前，不設兵隊。他日設兵，與俄商定數日。**軍火禁入滿洲。**	【張之洞致電清廷】大綱十二條原有「禁軍火」一條，前與英德使電商，須定年限。英德使覆電均云可以商辦。今東三省另立軍火一約，與內地有礙。〔註6〕	
第五條	中國爲保安地方計，凡將軍大員辦事不合邦交，經俄聲訴，即予革職。**滿洲內地可設馬步巡捕，**與俄商定數目。軍械除炮，供差不用他國人。	【張之洞致電清廷】東三省只准設巡捕不准設兵。若效尤，則京城及直隸全省皆不准設兵。〔註7〕	
第六條	**照中國前允成議，**中國北境水陸師不用他國人訓練。	【李鴻章告訴格爾斯】第六款「北境內水陸師不用他國人教練」，前使巴德羅福曾有照會，總署並未允定。**此款並非已允成議**〔註8〕。 【李鴻章奕劻致電清廷】**此款並非已允成議。**〔註9〕	

〔註5〕《軍機處電寄奕劻李鴻章諭旨》光緒二十七年正月二十八日（1901年3月18日）到，電寄檔，詳見：《清光緒朝中日交涉史料》卷六一，頁十四。

〔註6〕《慶親王奕劻大學士李鴻章來電》光緒二十七年正月十九日（1901年3月9日）到，電報檔，詳見：《清光緒朝中日交涉史料》卷六一，頁十。

〔註7〕《慶親王奕劻大學士李鴻章來電》光緒二十七年正月十九日（1901年3月9日）到，電報檔，詳見：《清光緒朝中日交涉史料》卷六一，頁十。

〔註8〕《慶親王奕劻大學士李鴻章來電二》光緒二十七年正月初九日（1901年2月27日）到，電報檔，詳見：《清光緒朝中日交涉史料》卷六十，頁二十七。

〔註9〕《軍機處電寄奕劻李鴻章諭旨》光緒二十七年正月十七日（3.7），電寄檔，詳見：《清光緒朝中日交涉史料》卷六一，頁二。

第七條	爲保安地方計，租地約第五款隙地，由地方官就近另立專章，並將專條第四款金州自治之權廢除。	【李鴻章奕劻致電清廷】第七款內「將金州自治之權廢除」，顯係據我土地，與全行交還之約相背〔註10〕。	
第八條	連界各處，如滿蒙及新疆之塔爾巴哈臺、伊犁、喀什噶爾、葉爾羌、和闐、于闐等處，礦路及他項利益，非俄允許，不得讓他國或他國人；非俄允許，中國不得自行造路；除牛莊外，不准將地租與他國人。	【李鴻章告訴格爾斯】八款「蒙古新疆連界各處礦路利益不得讓與他國」，是歸俄壟斷，他國若見此約，必犯眾怒。其實，蒙古、新疆並無他國覬覦礦路利益者，各國禁運軍火正擬商改年限，東省亦不應永禁〔註11〕。 【李鴻章奕劻致電清廷】八款內「……(略)」，尤侵我自主之權〔註12〕；第八條鐵路礦務由東北直抵西北，所包太廣，必犯眾怒〔註13〕。 【張之洞致電清廷】「北省沿邊蒙古新疆皆不准中國及他國人開礦造路，須問俄人。」北邊數萬里已非我有，假如各國效尤，英於長江，德於山東，日於閩，法於滇，皆不許中國自開礦路，中國全國政治土地理財行兵之權，皆爲人有，且我於東北、西北各省准他國人開礦造路，尚是牽制維繫之策，亦不能允俄人阻斷他國之請，任其壟斷，待其吞噬，中國一線生機只在各國牽制一語，豈可自行劃斷。〔註14〕	

〔註10〕《軍機處電寄奕劻李鴻章諭旨二》光緒二十七年正月初六日（1901 年 2 月 24 日），電寄檔，詳見：《清光緒朝中日交涉史料》卷六十，頁二十三。

〔註11〕《慶親王奕劻大學士李鴻章來電二》光緒二十七年正月初九日（1901 年 2 月 27 日）到，電報檔，詳見：《清光緒朝中日交涉史料》卷六十，頁二十七。

〔註12〕《軍機處電寄奕劻李鴻章諭旨二》光緒二十七年正月初六日（1901 年 2 月 27 日），電寄檔，詳見：《清光緒朝中日交涉史料》卷六十，頁二十三。

〔註13〕《軍機處電寄奕劻李鴻章諭旨》光緒二十七年正月十八日（1901 年 3 月 8 日），電寄檔，詳見：《清光緒朝中日交涉史料》卷六一，頁三。

〔註14〕《慶親王奕劻大學士李鴻章來電》光緒二十七年正月十九日（1901 年 3 月 9 日）到，電報檔，詳見：《清光緒朝中日交涉史料》卷六一，頁十。

		【楊儒致電李鴻章奕劻】第八款尤關緊要，現改爲仍包括太廣，必招各國之忌，或於「一切工商利益」句下添「中國自行設法造路開礦等項利益不在此例」，似此添改無多，當尚不難婉商。〔註 15〕 【軍機處電諭李鴻章奕劻】務再商請展限，寬以時日，從長計議，如不肯緩，則……第八款添「中國自辦不在此例」……或有詞以謝各國，或不致藉口。〔註 16〕	
第九條	此次俄兵費、各國賠款均應清還。俄名下賠款數目、期限、抵押，與各國會同辦理。		留兵名爲保路，實注意末四條。
第十條	被毀鐵路暨公司工師被劫產業，又遲誤路工貼補，均由中國與公司商賠。		
第十一條	上項賠款，可與公司商定，將全數分出若干，以他項利益作抵，該利益可酌改舊合同，或另讓利益。		
第十二條	照**中國前允成議**，自幹路或枝路向京造一路，直達長城，照現行路章辦理。	【李鴻章告訴格爾斯】十二款「自幹路或支路造路直達長城」。巴使亦有此說，並未明言至京，今忽添「向京」二字。**此節並非已允成議**〔註 17〕。 【李鴻章奕劻致電清廷】**此款並非**	

〔註 15〕《軍機處電寄奕劻李鴻章諭旨》光緒二十七年正月二十七日（1901 年 3 月 17 日），電寄檔，詳見：《清光緒朝中日交涉史料》卷六一，頁十三。

〔註 16〕《軍機處電寄奕劻李鴻章諭旨》光緒二十七年正月二十八日（1901 年 3 月 18 日）到，電寄檔，詳見：《清光緒朝中日交涉史料》卷六一，頁十四。

〔註 17〕《慶親王奕劻大學士李鴻章來電二》光緒二十七年正月初九日（1901 年 2 月 27 日）到，電報檔，詳見：《清光緒朝中日交涉史料》卷六十，頁二十七。

		已允成議〔註 18〕；第十二條內「鐵路修建向京直達長城」一語尤爲危險，須極力商改。〔註 19〕 【張之洞致電清廷】直修鐵路到京，俄有護兵而不准我設兵，此永遠危險，不待效尤。〔註 20〕 【軍機處電諭李鴻章奕劻】務再商請展限，寬以時日，從長計議，如不肯緩，則……末款「長城鐵路」亦須再酌改輕，或有詞以謝各國，或不致藉口。〔註 21〕	

〔註 18〕《軍機處電寄奕劻李鴻章諭旨》光緒二十七年正月十七日（1901 年 3 月 7 日），電寄檔，詳見：《清光緒朝中日交涉史料》卷六一，頁二。

〔註 19〕《軍機處電寄奕劻李鴻章諭旨》光緒二十七年正月十八日（1901 年 3 月 8 日），電寄檔，詳見：《清光緒朝中日交涉史料》卷六一，頁三。

〔註 20〕《慶親王奕劻大學士李鴻章來電》光緒二十七年正月十九日（1901 年 3 月 9 日）到，電報檔，詳見：《清光緒朝中日交涉史料》卷六一，頁十。

〔註 21〕《軍機處電寄奕劻李鴻章諭旨》光緒二十七年正月二十八日（1901 年 3 月 18 日）到，電寄檔，詳見：《清光緒朝中日交涉史料》卷六一，頁十四。

附錄七：1901 年 3 月外交團擬定懲罰各省涉案官員名單

第一部分：查明確犯重罪應行嚴懲各員清單

【山西】

一，陽曲縣白昶為毓賢爪牙，光緒二十六年六月間在太原府誑殺泰西男婦老幼四十餘名口，罪應斬立決；

二，署歸綏道鄭文欽謀殺英國武官及西國主教，又天主教士四名，耶穌教士十四名，罪應斬立決；

三，汾州府徐繼孺明許保送泰西教士出境，暗使又於七月十二日在文水縣戕害羅教士等男女老幼十名口，應革職斬監候，如貸其一死極輕，當發往極邊永不釋回；

四，忻州徐桂芬七月十五日在本境謀害泰西耶穌教士男婦女約十餘名口，應革職斬監候，如貸其一死極輕，當發往極邊永不釋回；

五，河津縣黃廷光六月二十日遣役追殺耶穌教士密姓夫婦及幼子、榮姓夫婦、金姑娘、東姑娘共七名口於屬下清家灣地方，罪應革職，發往極邊永不釋回；

六，太原府馬武官〔註 1〕於太原府戕殺教士之案從眾加功，罪應革職，永不敘用；

七，太原府城守營石鳳岐將天主教士一名鎖押凌虐致死，罪應革職，發

〔註 1〕原單未列姓名，查繫馬得勝。

往極邊永不釋回；

八，孝義縣令（原單未列姓名，查係指姚學康。轉引自《1901 年美國對華外交檔案》，下同。）於六月初四日主使將泰西教士魏蘇二姑娘毆斃，罪應革職，發往極邊永不釋回；

九，大寧縣令（曹季風）有教士聶姓姐妹、郗姑娘三口因該令不肯保護並允拳匪殺害罪應革職，發往極邊永不釋回；

十，澤州府（陶家騶）有由平遙潞城前往湖北逃難各英國教士過境時不肯保護，罪應革職，永不敘用；

十一，潞城縣璧珵因境內教士毫不保護，以致逃亡，備受艱險，罪應革職永不敘用；

十二，高平縣於岱霖於由平遙潞城逃難各英國教士過境時虐待，罪應革職永不敘用；

十三，長子縣恩順亦不肯保送由平遙潞城逃難之各教士，罪應革職永不敘用；

十四，隰州牧（崔澄寰）號召拳匪入城以致英國教士數名口被逐，在曲沃縣遇害，罪應革職，發往極邊永不釋回；

十五，曲沃縣令（王廷英）因毫不保護境內教士致有童教士一家三口甚被淩虐畢命，罪應革職發往極邊永不釋回；

十六，岳陽縣令（劉藜輝）有巴吳教士二名被拳匪所殺，該令坐視不理，罪應革職永不敘用；

十七，壽陽縣秦鑑湖將境內英國教士鎖押虐待，解往太原就死，並途間絕其飲食，罪應革職，發往極邊永不釋回；

十八，和林格爾通判毛世黻；十九，托克托城通判樊恩慶均懸掛賞格捉拿或殺害泰西人民及中國教民，計兩城屬境共殺教民一千五百有餘，異常殘虐，應革職斬監候，如貸其一死極輕，當發往極邊永不釋回；

二十，寧遠州司獄李鳴和將天主教主教交付兵丁令其殺害，罪應革職，斬監候，如貸其一死極輕，當發往極邊永不釋回；

二十一，綏遠城將軍永德；二十二，歸化城副都統奎成所有該處凶慘各事多係該二犯主謀，有天主教士四名被其兵丁夥同殺害，罪應革職永遠監禁；

二十三，署歸化城同知郭之樞去年七月二十六日帶領兵丁三百名攻打鐵木旦溝教堂，將教士十名槍擊火焚殞命，其餘教士四名逃至三里外之黃花窩鋪被其追及戕殺，罪應斬監候，如貸其一死極輕，當發往極邊永不釋回；

二十四，榆次縣令（呂繼純）有干涉殺害泰西教士之案，罪應革職永不敘用；

二十五，太古縣胡德修七月初六日在其境內之泰西人民皆被戕害，罪應革職，發往極邊，永不釋回；

二十六，大同鎮楊（鴻禮）該境耶穌教士男婦六名被害，罪應革職永不敘用；

二十七，太原縣令（何宗遜）致死教民多命，罪應革職永不敘用；

二十八，寧鄉縣令（郝振麟）；二十九，臨縣令（孔繁昌）均係慫恿拳目殺害教士教民，罪應革職永不敘用；

【蒙古】

三十，阿拉善王將甘肅天主教士驅逐出境，罪應申斥；

三十一，中喀爾王慫恿虐待教民罪應申斥；

三十二，塔拉特王殺害教民八百餘名，罪應革爵永遠監禁；

三十三，張金聲即張四；三十四，楊把總（緒林）；三十五，赫哨官（殿魁），均係甘肅寧條梁武官。

尚有三十六，許大田；三十七，劉姓武官等身為拳目，帶領拳匪圍攻小叫盤地方教堂四十九日，殺害天主教士一名，均應斥革；

三十八，灤平縣文星飭令兵役將泰西天主教士一名活埋之後又將屍身抛入水中，經教民撈獲葬埋，該縣復飭取出，仍抛入水，罪應斬立決；

【直隸】

三十九，裕祿近日肇亂厥惟罪魁在天津帶領拳匪官兵攻擊各國人民，又殺害泰西人之上諭，由其遍傳罪應追奪官爵；

四十，王孝村紳士左絡苓當拳匪欲攻武邑縣時，承縣令命其出城解散，伊即揑報一切妥善乃城門甫啓，拳匪即行入城，致將天主教士二人戕害，罪應監禁；

四十一，武邑縣調署清苑縣張丙喆始終明保拳匪，縱令拳目，前往深州河間府等處四處擾害，應革職斬監候，如貸其一死極輕，當發往極邊永不釋回；

四十二，江西臬司陳澤霖過景州時該牧邀其攻打朱家河教民住所，致天主教士二名被害，罪應革職，永不敘用；

四十三，景州牧淇壽彭邀陳澤霖攻打朱家河教民處所，罪應革職永不敘用；

四十四，大名鎮王連三；四十五，大名縣苗玉珂；四十六，元城縣王錦陽。

三人均係將境內教士驅逐分搶什物並予以就害之機，皆應革職永不敘用；

四十七，南樂縣鞏英係將教士由衙門逐出予以就害之機，罪應革職永不敘用；

四十八，清苑縣令（張丙喆）不肯保護英國逃難教士，應行革職永不敘用；

四十九，望都縣李兆珍苛待以上英國逃難教士應行革職，永不敘用；

五十，倉場侍郎長萃在通州爲拳匪頭目，罪應革職，永不敘用；

【東三省】

五十一，盛京副都統晉昌六月初六日有泰西教士四名口，華教士二名，教民多名，伊縱令兵丁會合拳匪戕害斃命，應革職斬監候，如貸其一死極輕，當發往極邊永不釋回；

五十二，遼陽州陳牧（衍庶）飭斬中國趙教士一名，教民多名，罪應革職，永遠監禁；

五十三，常老德係鴨子廠團練首事於六月初五日戕害天主教士三名之案，從而加功，罪應革職，發往極邊永不釋回；

五十四，黑龍江副都統（鳳祥）於戕殺天主教士三名之案有所干涉，應即革職，發往極邊永不釋回；

五十五，呼蘭城副都統阿不肯保護教士，以致被害並允將所害教士之首懸諸廟門，罪應革職永不敘用；

五十六，巴彥蘇蘇鄂（英）統領到任後，欲將教士二名殺害，經地方官援救，氣憤往小石頭河教堂將十三年前葬已故之泰西教士屍身掘出並將教堂處所焚毀，教民戕害，應革職斬監候，如貸其一死極輕，當發往極邊永不釋回；

【湖南】

五十七，湖南巡撫俞廉三干涉戕害衡州府天主教主教教士二人之案，罪應革職永不敘用；

五十八，衡州道隆文以上被害之天主教主教教士先曾函請保護，該犯非特不行，反致鼓惑輿情，致將該教士等雙目挖出，慘遭殺害，應革職斬監候，如貸其一死極輕，當發往極邊永不釋回；

五十九，衡州府裕慶；六十，清泉縣鄭炳。

該二犯於以上之案非但不肯保護，亦且助紂爲虐，甚有干涉。裕慶又出違約告示，致耶穌教堂被毀，均應革職永不敘用；

【浙江】

六十一，金衢嚴道鮑祖齡顯係仇視各國人民之犯，慫恿匪徒團練在衢州殺害泰西多命，力能保護而不肯爲，且允匪徒在道署門前將泰西湯姓一家四口馬石戴姑娘三口共七人先辱後殺，迨後詳報撫院盛稱團練爲義舉，應斬監候，如貸其一死極輕，當發往極邊永不釋回；

六十二，衢州府城守都司周之德於以上之案從而加功，非止主謀攻擊，且復親統匪黨肆行兇惡，罪應斬立決；

六十三，浙江巡撫劉樹堂通傳殺害各國人民密諭是以凶慘之事皆伊玉成，雖經撤銷，然已過遲，亂後仍留浙任四閱月，除將要員撤任之外，所有兇犯尚未拿辦，罪應革職發往極邊，永不釋回；

六十四，前按察使榮銓通傳殺害各國人民密諭，是其專責，此肇亂之一端也。現在杭州仇視各國人民之黨，伊爲首領，其嫉視外人之行毫無隱諱，應革職發往極邊永不釋回；

六十五，前衢州鎮喻俊明六月二十五日道署門前殺害泰西多命之時，伊與鮑道同在署中，雖屬下有官兵五千，事前竟毫無彈壓，是其縱匪釀凶之據，應革職發往極邊永不釋回；

六十六，前衢州府淇思亮於此案不肯保護，亦未加功，惟是日同在道署，應即革職永不敘用；

六十七，衢州府紳士鄭連生；六十八，鄭（烳）禧；六十九，羅老四（羅道樊）

三人於此案有主謀情事，應皆斥革；

【四川】

七十，邛州牧李常霈縱容搶掠教堂，殺害教民多命，罪應革職永不敘用；

七十一，建昌道王季寅；七十二，名山縣盧鼎智；七十三，前雅州府王之同；七十四，雅州府李念茲。

固執不肯保護教士，辦理教案未能平允，均應革職永不敘用；

七十五，駐藏大臣慶善赴任時以徐驅泰西人出境及滅教民之語告知沿途官員，在理塘復滋事端，聞其已死，應追奪官爵；

【貴州】

七十六，思南府人羅芳林係被革武員，於龍泉思南府兩處攻擊教民被害二十餘命之案，係其主謀，該人一聞直隸亂事即招匪黨將一帶教民處所搶毀，教民戕殺，罪應監禁；

【河南】

七十七，南陽鎮殷仇視教民，異常兇暴，豫省教民受害，惟該員是問。天主教某教士被虐係其施爲，在賒旗店拆毀教堂亦其出違約告示之故，罪應革職永不敘用；

七十八，新店李若仙煽惑民心，致虐以上教士，該教士如未設法逃生必遭毒手，罪應斥革；

七十九，山西布政使、前河南按察使延祉以仇視各國人民之語通飭所屬，罪應革職永不敘用；

八十，河內縣令（于光民）苦待由豫省前往湖北逃難之英國教士，罪應革職永不敘用；

八十一，滎澤縣令（聯桂）不肯接收由武陟縣護送逃難之英國教士，致該教士等備嘗艱險，罪應革職永不敘用；

八十二，鄭州牧（湯似慈）由平遙潞城逃難之英國教士過境時異常苛待，罪應革職永不敘用；

八十三，西華縣林令（廷賡）於境內各教士屢次不肯保護，致被驅逐，什物搶掠，罪應革職永不敘用；

八十四，陳州府周家口通判（汪坦）固執不肯保護教士，致速六月十四日之亂，該教士被逐後幾乎喪命，罪應革職永不敘用；

八十五，河北道岑春榮擅出誣謗告示，煽惑官民仇視西教，罪應革職永不敘用；

八十六，滑縣呂令（耀卿）；八十七，涉縣車令（均）；八十八，安陽縣石令（庚）。

搶掠教中什物，焚毀教堂房屋，均罪應革職永不敘用；

八十九，衛輝府曾守（培祺）殺害教民罪應革職永不敘用；

九十，武安縣陳世偉於亂民掘挖已故教士屍身不肯飭收，致將其屍分裂丢棄道旁，罪應革職永不敘用；

【江西】

九十一，江西巡撫松壽遵奉朝旨引火燎原，所派委員以招兵爲詞，聚黨焚掠教堂，罪應革職，永不敘用；

九十二，南豐縣鄧家猷於教民遞呈不肯接收，乃慫恿民人戕害，罪應革職，永不敘用；

九十三，南城縣翁寶仁飭拆教堂，罪應革職，永不敘用；

【山東】

九十四，湖南按察使、前山東按察使胡景桂於仇視各國人民之端干涉其間，且引同官爲黨，並力庇拳匪，冀免殺教之咎，罪應革職永不敘用；

九十五，恩縣秦應逵袒庇拳匪，明示仇視各國人民忍令境內教民慘受殺害，罪應革職永不敘用；

九十六，夏津縣屠乃勳縱庇拳匪於美國教士何家屯房產不行保護，並任令教民被虐，罪應革職永不敘用。〔註2〕

第二部分：被控獲罪應另行查辦各員清單

【蒙古】

一至十一，阿多杜沙辣其殺克多而加圪羅其梭辣其加古其沙路掌蓋納否大梭磨磨各嗐杜沙辣其圪羅其阿切而多辣爾當巴領加浪惡而殯喪加沙圪羅其

以上十一人均威嚇教士，因未能在教堂戕害，欲在他處分別謀死；

〔註2〕《李鴻章全集》奏稿．卷八十，頁十六至二十四。

【四川】

十二，雙流縣龔寶琅；十三，郫縣黃樹勳；十四，灌縣王瑚；十五，崇慶州陳兆棠；十六，溫江縣周慶壬；十七，崇寧縣陳鼎勳；十八，南部縣袁用斌；十九，大足縣趙綏之。

以上八名均係忍聽教民五百餘家，什物房間被匪徒搶毀，兼有受傷被害之教民教堂處所亦被焚毀；

二十，宜賓縣王殿甲有呈訴該員將仇視西教之禍鼓動加厲者；

二十一，敘州府文奎縱容宜賓縣妄爲；

【貴州】

二十二，署思南府張濟輝素以仇西教爲懷；

二十三，龍泉縣繼文異常仇視西教，非特任令羅方林統帶匪黨入境騷擾，且教民求其作主彈壓，伊竟明謂該教民身居化外，因奉西教，自取其禍，定不保護；

【河南】

二十四，南陽府傅鳳飆漢口英領事謂其仇視西人；

二十五，南陽縣張令有殺害教民搶毀什物房間之咎；

【江西】

二十六，浮梁縣任玉琛雖經迭次諄請，伊竟不肯保護，景德鎮西江留店三處教堂處所致被一律焚毀；

二十七，吉安府許道培允聽紳士攻擊教堂教民

二十八，贛州府武官何明亮經地方官請其派兵保護教堂，伊不肯行；

二十九，吉南贛寧道途劉制軍坤一所發保護泰西人民告示該道不肯在贛南兩府張貼，又該兩府滋鬧毫未設法彈壓；

三十，南昌縣進士黃熙祖；三十一，文舉謝甘棠；三十二，廩生鄢縉；三十三，監生梅素清皆遣僕拆毀該處教堂；

三十四，南昌縣武舉單炳耀；三十五，武生李太和；三十六，武生單寅；三十七，武生蕭廷傑；三十八，武生單步鼇均帶領拳匪前往九七兩都渭水橋等處指拆該處教堂及教民房間；

三十九，瀘溪縣廩生林湘巨；四十，林茂修；四十一，盧假汝；四十二，盧明生均係慫恿該處民人搶毀騷擾；

四十三，臨江府石守；四十四，上高縣文令；四十五，紳士梁飛鵬；四十六，張文蘭均係慫恿拳匪搶毀騷擾；

【山西】

署太原府許涵度，毓賢謀殺該處泰西教士，該員助紂爲虐，是以未能一名漏網。〔註3〕

〔註3〕以上內容詳見：《李鴻章全集》奏稿．卷八十，頁二十五至二十七。

附錄八：《辛丑條約》中英文版〔註1〕

一九〇一年九月七日，光緒二十七年七月二十五日，北京。
大清欽命全權大臣便宜行事總理外務部事務和碩慶親王；
大清欽差全權大臣便宜行事太子太傅文華殿大學士北洋大臣直隸總督部堂一等肅毅伯李鴻章；
大德欽差駐紮中華便宜行事大臣穆默；
大奧欽差駐紮中華便宜行事全權大臣齊乾
大比欽差駐紮中華便宜行事全權大臣姚士登；
大日欽差駐紮中華全權大臣葛絡乾；
大美國欽差特辦議和事宜全權大臣柔克義；
大法欽差全權大臣駐紮中國京都總理本國事務便宜行事鮑渥；
大英欽差便宜行事全權大臣薩道義；
大義欽差駐紮中華大臣世襲侯爵薩爾瓦葛；
大日本國欽差全權大臣小村壽太郎；
大和欽差駐紮中華便宜行事全權大臣克羅伯；
大俄欽命全權大臣內廷大夫格爾斯；

今日會同聲明，核定大清國按西曆一千九百年十二月二十二日，即中曆光緒二十六年十一月初一日文內各款，當經大清國大皇帝於西曆一千九百年十二月二十七日，即中曆光緒二十六年十一月初六日，降旨全行照允，足適諸國之意妥辦（附件一）。

〔註1〕本條約及附件見《光緒條約》卷66，頁7～34。

BOXER PROTOCOL (PEKING)
Peking, September 7, 1901
Peace Agreement between the Great Powers and China.

THE plenipotentiaries of Germany, His Excellency M. A. Mudd von Schwarzenstein; of Austria-Hungary, His Excellency M. M. Czikann von Wahlborn; of Belgium, His Excellency M. Joostens; of Spain, M. B. J. de Cologan; of the United States, His Excellency M. W. W. Rockhill; of France, His Excellency M. Paul Beau; of Great Britain, His Excellency Sir Ernest Satow; of Italy, Marquis Salvago Baggi; of Japan, His Excellency M. Jutaro Komura; of the Netherlands, His Excellency M. F. M. Knobel; of Russia, His Excellency M. M. de Giens and of China, His Highness Yi-K'uang Prince Ching of the first rank, President of the Ministry of Foreign Affairs, and His Excellency Li Hong-chang, Earl of Su-i of the first rank, Tutor of the Heir Apparent, Grand Secretary of the Wen-hua Throne Hall, Minister of commerce, Superintendent of the northern trade, Governor-General of Chihli, have met for the purpose of declaring that China has complied to the satisfaction of the Powers with the conditions laid down in the note of the 22d of December, 1900, and which were accepted in their entirety by His Majesty the Emperor of China in a decree dated the 27th of December.

第一款

一、大德國欽差男爵克大臣被戕害一事，前於西曆本年六月初九日，即中曆四月二十三日，奉諭旨（附件二）欽派醇親王載灃爲頭等專使大臣赴大德國大皇帝前，代表大清國大皇帝暨國家惋惜之意。醇親王已遵旨於西曆本年七月十二日，即中曆五月二十七日，自北京起程。

ARTICLE Ia.

By an Imperial Edict of the 9th of June last, Tsai Feng, Prince of Ch' u n, was appointed Ambassador of His Majesty the Emperor of China, and directed in that capacity to convey to His Majesty the German Emperor the expression of the regrets of His Majesty the Emperor of China and of the Chinese Government for the assassination of His Excellency the late Baron von Ketteler, German minister.

Prince Ch'un left Peking the 12th of July Jut; to carry out the order which had been given him.

二、大清國國家業已聲明，在遇害處所，豎立誌之碑，與克大臣品位相配，列敘大清國大皇帝惋惜凶事之旨，書以辣丁、德、漢各文。前於西曆本年七月二十二日，即中曆六月初七日，經大清國欽差全權大臣文致大德國欽差全權大臣（附件三），現於遇害處所，建立牌坊一座，足滿街衢，已於西曆本年六月二十五日，即中曆五月初十日興工。

ARTICLE Ib.

The Chinese Government has stated that it will erect on the spot of the assassination of his Excellency the late Baron von Ketteler, commemorative monument worthy of the rank of the deceased, and bearing an inscription in the Latin, German, and Chinese languages which shall express the regrets of His Majesty the Emperor of China for the murder committed.

The Chinese Plenipotentiaries have informed his Excellency the German Plenipotentiary, in a letter dated thc 22nd July last, that an arch of the whole width of the street would be erected on the said spot, and that work on it was begun on the 25th June last.

第二款

一、懲辦傷害諸國國家及人民之首禍諸臣，將西曆本年二月十三、二十一等日，即中曆上年十二月二十五、本年正月初三等日，先後降旨，所定罪名，開列於後（附件四、五、六）：端郡王**載漪**、輔國公**載瀾**，均定斬監候罪名，又約定如皇上以爲應加恩貸其一死，即發往新疆，永遠監禁，永不減免；莊親王**載勳**、都察院左都御史**英年**、刑部尚書**趙舒翹**，均定爲賜令自盡；山西巡撫**毓賢**、禮部尚書**啓秀**、刑部左侍郎**徐承煜**，均定爲即行處死；協辦大學士吏部尚書**剛毅**、大學士**徐桐**、前四川總督**李秉衡**，均已身故，追奪原官，即行革職。又兵部尚書**徐用儀**、戶部尚書**立山**、吏部左侍郎**許景澄**、內閣學士兼禮部侍郎銜**聯元**、太常寺卿**袁昶**，因上年力駁殊悖諸國義法極惡之罪被害，於西曆本年二月十三日，即中曆上年十二月二十五日，奉上諭開復原官，以示昭雪（附件七）。莊親王載勳已於西曆本年二月二十一日，即中曆正月初三日，英年、趙舒翹已於二十四日，即初六日，均自盡；毓賢已於二十二日，即初四日，啓秀、徐承煜已於二十六日，即初八日，均正法。又西曆本年二月十三日，即中曆上年十二月二十五日上諭，將甘肅提督董福祥革職，候應得罪名定讞懲辦。西曆本年四月二十九、六月初三、八月十九等日，即中曆三月十一、四月十七、七月初六等日，先後降旨，將上年夏間凶慘案內，所有承認獲咎之各外省官員，分別懲辦。

ARTICLE IIa.

Imperial Edicts of the 13th and 21st February, 1901, inflicted the following punishments on the principal authors of the attempts and of the crimes committed against the foreign Governments and their nationals: -

Tsai-I, Prince Tuan, and Tsai-Lan, Duke Fu-kuo, were sentenced to be brought before the Autumnal Court of Assize for execution, and it was agreed that if the Emperor saw fit to grant them their lives, they should be exiled to Turkestan, and there imprisoned for life, without the possibility of commutation of these punishments.

Tsai Hsun, Prince Chuang, Ying-Nien, President of the Court of Censors, and Chao Shu-chiao, President of the Board of Punishments, were condemned to commit suicide.

Yu Hsien, Governor of Shansi, Chi Hsiu, President of the Board of Rites, and Hsu Cheng-yu, formerly Senior Vice-President of the Board of Punishments, were condemned to death.

Posthumous degradation was inflicted on Kang Yi, Assistant Grand Secretary, President of the Board of Works, Hsu Tung, Grand Secretary, and Li Ping-heng, former Governor- General of Szu-chuan.

Imperial Edict of the 13th February last rehabilitated the memories of Hsu Yung-yi, President of the Board of War; Li Shan, President of the Board of Works; Hsu Ching Cheng, Senior VicePresident of the Board of Civil Office; Lien Yuan, Vice-Chancellor of the Grand Council; and Yuan Chang, Vice-President of the Court of Sacrifices, who had been put to death for having protested against the outrageous breaches of international law of last year.

Prince Chuang committed suicide on the 21st February last; Ying Nien and Chao Shu- chiao on the 24th February; Yu Hsien was executed on the 22nd February; Chi Hsiu and Hsu Cheng-yu on the 26th February; Tung Fu-hsiang, General in Kan-su, has been deprived of his office by Imperial Edict of the 13th February last, pending the determination of the final punishment to be inflicted on him.

Imperial Edicts, dated the 29th April and 19th August, 1901, have inflicted various punishments on the provincial officials convicted of the crimes and outrages of last summer.

二、西曆本年八月十九日，即中曆二十七年七月初六日上諭，將諸國人民遇害被虐之城鎮，停止文武各等考試五年（附件八）。

ARTICLE IIb.

An Imperial Edict, promulgated the 19th August, 1901, ordered the suspension of official examinations for five years in all cities where foreigners were massacred or submitted to cruel treatment.

第三款

因大日本國使館書記生杉山彬被害，大清國大皇帝從優榮之典，已於西曆本年六月十八日，即中曆五月初三日，降旨簡派戶部侍郎**那桐**爲專使大臣赴大日本國大皇帝前，代表大清國大皇帝及國家惋惜之意（附件九）。

ARTICLE III.

So as to make honourable reparation for the assassination of Mr. Sugiyama, Chancellor of the Japanese Legation, His Majesty the Emperor of China, by an Imperial Edict of the 18th June, 1901, appointed Na T'ung, Vice-President of the Board of Finances, to be his Envoy Extraordinary, and specially directed him to convey to His Majesty the Emperor of Japan the expression of the regrets of His Majesty the Emperor of China and of his Government at the assassination of Mr. Sugiyama.

第四款

大清國國家允定，在於諸國被污瀆及挖掘各墳塋，建立滌垢雪侮之碑，已與諸國全權大臣會同商定，其碑由各該國使館督建，並由中國國家付給估算各費銀兩，京師一帶，每處一萬兩，外省，每處五千兩。此項銀兩，業已付清。茲將建碑之墳塋，開列清單附後（附件十）。

ARTICLE IV.

The Chinese Government has agreed to erect an expiatory monument in each of the foreign or international cemeteries which were desecrated, and in which the tombs were destroyed.

It has been agreed with the Representatives of the Powers that the Legations interested shall settle the details for the erection of these monuments, China bearing all the expenses thereof, estimated at 10,000 taels, for the cemeteries at Peking and in its neighbourhood, and at 5,000 taels for the cemeteries in the provinces. The amounts have been paid, and the list of these cemeteries is enclosed herewith.

第五款

大清國國家允定，不准將軍火暨專爲製造軍火各種器料運入中國境內，已於西曆本年八月二十五日，即中曆二十七年七月十二日，降旨禁止進口二年。嗣後如諸國以爲有仍應續禁之處，亦可降旨將二年之限續展（附件十一）。

ARTICLE V.

China has agreed to prohibit the importation into its territory of arms and ammunition, as well as of materials exclusively used for the manufacture of arms and ammunition. An Imperial Edict has been issued on the 25th August, forbidding said importation for a term of two years. New Edicts may be issued subsequently extending this by other successive terms of two years in case of necessity recognized by the Powers.

第六款

按照西曆本年五月二十九日，即中曆四月十二日上渝，大清國大皇帝允定，付諸國償款海關銀四百五十兆兩。此款係西曆一千九百年十二月二十二日，即中曆光緒二十六年十一月初一日條款內第二款所載之各國、各會、各人及中國人民之賠償總數（附件十二）。

甲、此四百五十兆係照海關銀兩市價易爲金款，此市價按諸國各金錢之價易金如左：**海關銀一兩，即德國三馬克零五五；即奧國三克勒尼五九五；即美國圓零七四二；即法國三佛郎克七五；即英國三先令；即日本一圓四零七；即荷蘭國一弗樂林七九六；即俄國一魯布四一二，俄國魯布按金平算，即十七多里亞四二四**。此四百五十兆按年息四釐，正本由中國分三十九年，按後附之表各章清還（附件十三）。本息用金付給，或按應還日期之市價易金付給。還本於一千九百零二年正月初一日起，一千九百四十年終止。還本各款，應按每屆一年付還，初次定於一千九百零三年正月初一日付還。利息由一千九百零一年七月初一日起算，惟中國國家亦可將所欠首六個月至一千九百零一年十二月三十一日之息，展在自一千九百零二年正月初一日起，於三年內付還，但所展息款之利，亦應按年四釐付清。又利息每屆六個月付給，初次定於一千九百零二年七月初一日付給。

乙、此欠款一切事宜，均在上海辦理如後：諸國各派銀行董事一名，會同將所有由該管之中國官員付給之本利總數收存，分給有干涉者，該銀行出付回執。

丙、由中國國家將全數保票一紙交付駐京諸國欽差領銜大臣手內，此保票以後分作零票，每票上各由中國特派之官員畫押。此節以及發票一切事宜，應由以上所述之銀行董事各遵本國飭令而行。

丁、付還保票財源各進款，應每月給銀行董事收存。

戊、所定承擔保票之財源，開列於後：

一、新關各進款，俟前已作爲擔保之借款各本利付給之後餘剩者，又進口貨稅增至切實值百抽五，將所增之數加之，所有向例進口免稅各貨，除外國運來之米及各雜色糧麵並金銀以及金銀各錢外，均應列入切實值百抽五貨內。

二、所有常關各進款，在各通商口岸之常關，均歸新關管理。

三、所有鹽政各進項，除歸還前泰西借款一宗外，餘剩一併歸入。

至進口貨稅增至切實值百抽五，諸國現允可行，惟須二端：

一、將現在照估價抽收進口各稅，凡能改者，皆當急速改爲按件抽稅幾何。定辦改稅一層如後：爲估算貨價之基，應以一千八百九十七、八、九三年卸貨時各貨牽算價值，乃開除進口稅及雜費總數之市價。其未改以前，各該稅仍照估價徵收。

二、北河、黃浦兩水路，均應改善，中國國家即應撥款相助。

增稅一層，俟此條款畫押日兩個月後，即行開辦，除在此畫押日期後至遲十日已在途間之貨外，概不得免抽。

ARTICLE VI.

By an Imperial Edict dated the 29th May, 1901, His Majesty the Emperor of China agreed to pay the Powers an indemnity of 450,000,000 of Haikwan taels.

This sum represents the total amount of the indemnities for States, Companies, or Societies, private individuals and Chinese, referred to in Article 6 of the note of the 22nd December,1900.

a) These 450,000,000 constitute a gold debt calculated at the rate of the Haikwan tael to the gold currency of each country, as indicated below . . .

This sum in gold shall shall bear interest at 4 per cent. per annum, and the capital shall be reimbursed by China in thirty-nine years in the manner indicated in the annexed plan of amortization. Capital and interest shall be payable in gold or at the rates of exchange corresponding to the dates at which the different payments fall due.

The amortization shall commence the 1st January, I902, and shall finish at the end of the year I940. The amortizations are payable annually, the first payment being fixed on the 1st January, 1903.

Interest shall run from the 1st July, 1901, but the Chinese Government shall have the right to pay off within a term of three years, beginning January 1902, the arrears of the first six months ending the 31st December, 1901, on condition, however, that it pays compound interest at the rate of 4 per cent. a year on the sums the payment of which shall have been thus deferred.

Interest shall be payable semi-annually, the first payment being fixed on the 1st July, I902.

b) The service of the debt shall take place in Shanghai in the following manner:

Each Power shall be represented by a Delegate on a Commission of bankers authorized to receive the amount of interest and amortization which shall be paid to it by the Chinese authorities designated for that purpose, to divide it among the interested parties, and to give a receipt for the same.

c) The Chinese Government shall deliver to the Doyen of the Diplomatic Corps at Peking a bond for the lump sum, which shall subsequently be converted into fractional bonds bearing the signature of the Delegates of the Chinese Government designated for that purpose. This operation and all those relating to issuing of the bonds shall be performed by the above-mentioned Commission, in accordance with the instructions which the Powers shall send their Delegates.

d) The proceeds of the revenues assigned to the payment of the bonds shall be paid monthly to the Commission.

e) The seven assigned as security for the bonds are the following:-

1. The balance of the revenues of the Imperial Maritime Customs, after payment of the interest and amortization of preceding loans secured on these revenues, plus the proceeds of the raising to 5 per cent. effective of the present tariff of maritime imports, including articles until now on the free list, but exempting rice, foreign cereals, and flour, gold and silver bullion and coin.

2. The revenues of the native Customs, administered in the open ports by the Imperial Maritime Customs.

3. The total revenues of the salt gabelle, exclusive of the fraction previously set aside for other foreign loans.

The raising of the present tariff on imports to 5 per cent. effective is agreed to on the conditions mentioned below. It shall be put in force two months after the signing of the present Protocol, and no exceptions shall be made except for merchandize in transit not more than ten days after the said signing. . . . .

2. The beds of the Rivers Whangpoo and Peiho shall be improved with the financial participation of China.

第七款

大清國國家允定，各使館境界，以爲專與住用之處，並獨由使館管理，中國民人，概不准在界內居住，亦可自行防守。使館界線，於附件之圖上標明如後（附件十四）：東面之線係崇文門大街，圖上十、十一、十二等字；北面圖上係五、六、七、八、九、十等字之線；西面圓上係一、二、三、四、五等字之線；南面圖上係十二、一等字之線，此線循城牆南址隨城垛而畫。按照西曆一千九百零一年正月十六日，即中曆上年十一月二十六日文內後附之條款，中國國家應允諸國分應自主，常留兵隊，分保使館。

ARTICLE VII.

The Chinese Government has agreed that the quarter occupied by the Legations shall be considered as one specially reserved for their use and placed under their exclusive control, in which Chinese shall not have the right to reside, and which may be made defensible. . . . . In the Protocol annexed to the letter of the 16th January, 1901, China recognized the right of each Power to maintain a permanent guard in the said quarter for the defence of its Legation.

第八款

大清國國家應允將大沽炮臺及有礙京師至海通道之各炮臺，一律削平，現已設法照辦。

ARTICLE VIII.

The Chinese Government has consented to raze the forts of Taku, and those which might impede free communication between Peking and the sea. Steps have been taken for carrying this out.

第九款

按照西曆一千九百零一年正月十六日，即中曆上年十一月二十六日文內後附之條款，中國國家應允，由諸國分應主辦，會同酌定數處，留兵駐守，以保京師至海通道無斷絕之虞。今諸國駐守之處係：黃村、郎坊、楊村、天津、軍糧城、塘沽、蘆臺、唐山、灤州、昌黎、秦皇島、山海關。

ARTICLE IX.

The Chinese Government conceded the right to the Powers in the Protocol annexed to the letter of the i6th January, 1901, to occupy certain points, to be determined by an Agreement between them for the maintenance of open communication between the capital and the sea. The points occupied by the Powers are:- Huang-tsun, Lang-fang, Yang-tsun, Tien-tsin, Chun-liang-Cheng, Tong-ku, Lu-tai, Tong- shan, Lan-chou, Chang-li, Chin-wang Tao, Shan-hai Kuan.

第十款

大清國國家允定兩年之久，在各府、廳、州、縣，將以後所述之上諭頒行布告：

一、西曆本年二月初一日，即中曆上年十二月十三日上諭，以永禁或設或入與諸國仇敵之會，違者皆斬（附件十五）。

二、西曆本年二月十三、二十一、四月二十九、八月十九等日，即中曆上年十二月二十五、本年正月初三、三月十一、七月初六等日上諭一道，犯罪之人如何懲辦之處，均一一載明。

三、西曆本年八月十九日，即中曆七月初六日上諭，以諸國人民遇害被虐各城鎮，停止文、武各等考試。

四、西曆本年二月初一日，即中曆上年十二月十三日上諭，以各省督撫、文武大吏暨有司各官，於所屬境內，均有保平安之責，如復滋傷害諸國人民之事，或再有違約之行，必須立時彈壓懲辦，否則該管之員，即行革職，永不敘用，亦不得開脫，別給獎敘（附件十六）。

以上諭旨，現於中國全境漸次張貼。

ARTICLE X.

The Chinese Government has agreed to post and to have published during two years in all district cities the following Imperial Edicts: I) Edict of the 1st February, 1901, prohibiting for ever under pain of death, membership in any anti-foreign society. 2) Edicts of the 13th and 21st February, 29th April and 19th August, 1901, enumerating the punishments inflicted on the guilty. 3) Edict of the 19th August, 1901, prohibiting examinations in all cities where foreigners were massacred or subjected to cruel treatment. 4) Edicts of the 1st February, 1901, declaring all GovernorsGeneral, Governors, and provincial or local officials responsible for order in their respective districts, and that in case of new anti-foreign troubles or other infractions of the Treaties which shall not be immediately repressed and the authors of which shall not have been punished, these officials shall be immediately dismissed without possibility of being given new functions or new honours. The posting of these Edicts is being carried on throughout the Empire.

第十一款

大清國國家允定，將通商行船各條約內，諸國視爲應行商改之處，及有關通商各他事宜，均行議商，以期妥善簡易。現按照第六款賠償事宜，約定中國國家應允，襄辦改善北河、黃浦兩水路，其襄辦各節如左：

一、北河改善河道，在一千八百九十八年，會同中國國家所興各工，近由諸國派員重修，一候治理天津事務交還之後，即可由中國國家派員與諸國所派之員會辦，中國國家應付海關銀每年六萬兩，以養其工。

二、現設立黃浦河道局，經管整理改善水道各工。所派該局各員，均代中國暨諸國保守在滬所有通商之利益。預估後二十年，該局各工及經管各費，應每年支用海關銀四十六萬兩。此數平分，半由中國國家付給，半由外國各干涉者出資。該局員差並權責及進款之詳細各節，皆於後附文件內列明（附件十七）。

ARTICLE XI.

The Chinese Government has agreed to negotiate the amendments deemed necessary by the foreign Governments to the Treaties of Commerce and Navigation and the other subjects concerning commercial relations with the object of facilitating them. At present, and as a result of the stipulation contained in Article 6 concerning the indemnity, the Chinese Government agrees to assist in the improvement of the courses of the Rivers Peiho and Whangpoo, as stated below.- 1) The works for the improvement of the navigability of the Peiho, begun in 1898 with the co-operation of the Chinese Government, have been resumed under the direction of an International Commission. As soon as the Administration of Tien-tsin shall have been handed back to the Chinese Government it will be in a position to be represented on this Commission, and will pay each year a sum of

60,000 Haikwan taels for maintaining the works.

2) A Conservancy Board, charged with the management and control of the works for straightening the Whangpoo and the improvement of the course of that river, is hereby created. The Board shall consist of members representing the interests of the Chinese Government and those of foreigners in the shipping trade of Shanghai. The expenses incurred for the works and the general management of the undertaking are estimated at the annual sum of 460,000 Haikwan taels for the first twenty years. This sum shall be supplied in equal portions by the Chinese Government and the foreign interests concerned.

第十二款

西曆本年七月二十四日，即中曆六月初九日，降旨將總理各國事務衙門，按照諸國酌定，改爲外務部，班列六部之前。此上諭內已簡派外務部各王大臣矣（附件十八）。且變通諸國欽差大臣覲見禮節，均已商定，由中國全權大臣屢次照會在案，此照會在後附之節略內述明（附件十九）。

茲特爲議明，以上所述各語及後附諸國全權大臣所發之文牘，均係以法文爲憑。

大清國國家既如此，按以上所述西曆一千九百年十二月二十二日，即中曆光緒二十六年十一月初一日文內各款，足適諸國之意妥辦，則中國願將一千九百年夏間變亂所生之局勢完結，諸國亦照允隨行。是以諸國全權大臣現奉各本國政府之命，代爲聲明，除第七款所述之防守使館兵隊外，諸國兵隊即於西曆一千九百零一年九月十七日，即中曆光緒二十七年八月初五日，全由京城撤退，並除第九款所述各處外，亦於西曆一千九百零一年九月二十二日，即中曆光緒二十七年八月初十日，由直隸省撤退。今將以上條款繕定同文十二分，均由諸國、中國全權大臣畫押，諸國全權大臣各存一分，中國全權大臣收存一份。

一千九百零一年九月初七日
光緒二十七年七月二十五日
在北京定立

ARTICLE XII.

An Imperial Edict of the 24th July, 1901, reformed the Office of Foreign Affairs, Tsung- li Yamen, on the lines indicated by the Powers, that is to say, transformed it into a Ministry of Foreign Affairs, Wai Wu Pu, which takes precedence over the six other Ministries of State; the same Edict appointed the principal Members of this Ministry. An agreement has also been reached concerning the modification of Court ceremonial as regards the reception of foreign Representatives, and has been the subject of several notes from the Chinese Plenipotentiaries, the substance of which is embodied in a Memorandum herewith annexed. Finally, it is expressly understood that as regards the declarations specified above and the annexed documents originating with the foreign Plenipotentiaries, the French text only is authoritative. The Chinese Government having thus complied to the satisfaction of the Powers with the conditions laid down in the above-mentioned note of the 22nd December, 1900, the Powers have agreed to accede to the wish of China to terminate the situation created by the disorders of the summer of 1900. In consequence thereof, the foreign Plenipotentiaries are authorized to declare in the names of their Governments that, with the exception of the Legation guards mentioned in Article VII, the international troops will completely evacuate the city of Peking on the 7th September, 1901, and, with the exception of the localities mentioned in Article IX, will withdraw from the Province of Chihli on the 22nd September, 1901. The present final Protocol has been drawn up in twelve identical copies, and signed by all the Plenipotentiaries of the contracting countries.

附件一（附件英文略）：光緒帝批准簽署議和大綱的旨意

光緒二十六年十一月初六日奉旨，奕劻、李鴻章電悉、覽，所奏十二條大綱，應即照允，欽此。

附件二：光緒帝派醇親王載灃赴德道歉的旨意

光緒二十六年十一月二十四日諭旨，醇親王載灃，著授爲頭等專使大臣，前赴大德國敬謹將命，前內閣侍讀學士張翼，副都統蔭昌，均著隨同前往，參贊一切，欽此。

附件三：光緒帝命令爲被殺德使建碑的旨意

爲照覆事：本年五月初三日接準貴大臣照稱：「和議總綱第一款載明，原任德國克大臣被害處所樹立銘誌之碑一節，章京瑞良、候選道聯芳，奉派辦理。該章京等早經向本署開商，議及此碑應如何做法。屢商議間，又稱願在被害處所用大理石樹立牌坊一座，東西寬滿崇文門大街，因材料難於轉運，做工多需時日，又設別法，將他處現有之牌樓移至被害處所樹立，或立一新牌樓，或挪用舊有者，均應聽候本國裁奪。本大臣當經電詢本國國家意向。茲奉回諭，德國大皇帝意旨親裁，仍應新設牌坊一座，足滿街衢等因，自應剴切請迅速妥辦，以便立刻興工。」等因前來。本王大臣當即箚飭該章京等遵照辦理。據報「已於五月初十日開工，先築地基，其開山鑿石，轉運料件，在均須時日，惟有督飭工人，盡力妥速辦理。」等語。除飭將全工隨時稟商外，相應照覆貴大臣查照可也。須至照會者。

光緒二十七年六月初七日

附件四：光緒帝命令懲辦親王載勛等皇親的旨意

十二月二十五日上諭：京師自五月以來，拳匪倡亂，開釁友邦。現經奕劻、李鴻章與各國使臣在京議和大綱草約業已畫押。追思肇禍之始，實由諸王大臣昏謬無知，囂張跋扈，深信邪術，挾制朝廷，於剿辦拳匪之諭，抗不遵行，反縱信拳匪，妄行攻戰，以致邪焰大張，聚數萬匪徒於肘腋之下，勢不可遏。復主令鹵莽將卒，圍攻使館，竟至數月之間，釀成奇禍，社稷阽危，陵廟震驚，地方蹂躪，生民塗炭，朕與皇太后危險情形，不堪言狀，至今痛心疾首，悲憤交深。是諸王大臣信邪縱匪，上危宗社，下禍黎元，自問當得何罪。前經兩降諭旨，尙覺法輕情重，不足蔽辜，應再分別等差，加以懲處。已革莊親王載勳，縱容拳匪，圍攻使館，擅出違約告示，又輕信匪言，枉殺多命，實屬愚暴冥頑，著賜令自盡，派署左都御史葛寶華前往監視。已革端郡王載漪，倡率諸王貝勒，輕信拳匪，妄言主戰，至肇釁端，罪實難辭；降調輔國公載瀾，隨同載勳，妄出違約告示，咎亦應得，著革去爵職；惟念俱屬懿親，特予加恩，均著發往新疆，永遠監禁，先行派員看管。已革巡撫毓賢，前在山東巡撫任內，妄信拳匪邪術，至京爲之揄揚，以至諸王大臣受其煽惑，及在山西巡撫任內，復戕害教士、教民多命，尤屬昏謬兇殘，罪魁禍首，前已遣發新疆，計行抵甘肅，著傳旨即行正法，並派按察使何福監視行刑。前協辦大學士吏部尚書剛毅，袒庇拳匪，釀成巨禍，並會出違約告示，本應置之重典，惟現已病故，著追奪原官，即行革職。革職留任甘肅提督董福祥，統兵入衛，紀律不嚴，又不諳交涉，率意鹵莽，雖圍攻使館，係由該革王等指使，究難辭咎，本應重懲，姑念在甘肅素著勞績，回漢悅服，格外從寬，著即行革職。降調都察院左都御史英年，於載勳擅出違約告示，曾經阻止，情尚可原，惟未能力爭，究難辭咎，著加恩革職，定為斬監候罪名。革職留任刑部尚書趙舒翹，平日尚無嫉視外交之意，前查辦拳匪，亦無庇縱之詞，惟究屬草率貽誤，著加恩革職，定為斬監候罪名。英年、趙舒翹均著先在陝西省監禁。大學士徐桐，降調前四川總督李秉衡，均已殉難身故，為貽人口實，均著革職並將恤典撤銷。經此次降旨以後，凡我友邦，當共諒拳匪肇禍，實由禍首激迫而成，決非朝廷本意，朕懲辦禍首諸人，並無輕縱，即天下臣民，亦曉然於此案之關係重大也。欽此。

附件五：光緒帝命令懲辦啓秀等大臣的旨意

十二月二十五日上諭：禮部尚書啓秀、前刑部左侍郎徐承煜，均著先行革職，著奕劻、李鴻章查明所犯確據，即行奏明，從嚴懲辦。欽此。

附件六：光緒帝命令加重上述懲罰的旨意

光緒二十七年正月初三日內閣奉上諭：此案禍首諸臣，昨已降旨，分別嚴行懲辦。茲據奕劻、李鴻章電奏，按照各國全權大臣照會，尚須加重，懇請酌奪等語。除載勳已賜令自盡，毓賢已飭即行正法，均各派員前往監視外，載漪、載瀾均定為斬監候罪名，惟念誼屬懿親，特予加恩發往極邊新疆，永遠監禁，即日派員押解起程。剛毅情罪較重，應定為斬立決，業經病故，免其置議。英年、趙舒翹昨已定為斬監候，著即賜令自盡，派陝西巡撫岑春煊前往監視。啓秀、徐承煜，各國指稱力庇拳匪，專與洋人為難，昨已革職，著奕劻、李鴻章照會各國交回，即行正法，派刑部堂官監視。徐桐輕信拳匪，貽誤大局，李秉衡好為高論，固執釀禍，均應定為斬監候，惟念臨難自盡，業經革職，撤銷恤典，應免再議。至首禍諸人，所犯罪狀，已於前旨內逐一明白聲敘矣。欽此。

附件七：光緒帝命令徐用儀等復職的旨意

十二月二十五日上諭：本年五月間拳匪倡亂，勢日鴟張，朝廷以剿撫兩難，迭次召見臣工，以期折衷一是。乃兵部尚書徐用儀、戶部尚書立山、吏部左侍郎許景澄、內閣學士聯元、太常寺卿袁昶，經朕一再垂詢，詞意均涉兩可，而首禍諸臣，遂乘機誣陷，交章參劾，以致身罹重辟。惟念徐用儀等宣力有年，平日辦理交涉事件，亦能和衷，尚著勞績，應即加恩，徐用儀、立山、許景澄、聯元、袁昶均著開復原官，該部知道。欽此。

附件八：光緒帝命令在一些外國人被殺的縣五年內不進行科舉考試的旨意

光緒二十七年七月初六日內閣奉上諭：本日奕劻、李鴻章具奏，各國議定，滋事地方停止文武考試各五年一摺，據稱順天、太原地方鄉試，仍應停止；其單開山西省之太原府、忻州、太谷縣、大同府、汾州府、孝義縣、曲沃縣、大寧縣、河津縣、岳陽縣、朔平府、文水縣、壽陽縣、平陽府、長子縣、高平縣、澤州府、隰州、蒲縣、絛州、歸化城、綏遠城；河南省之南陽府、光州；浙江省之衢州府；直隸省之北京、順天府、保定府、永清縣、天津府、順德府、望都縣、獲鹿縣、新安縣、通州、武邑縣、景州、灤平縣；東三省之盛京、甲子廠、連山、徐慶街、北林子、呼蘭城；陝西省之寧羌州；湖南省之衡州府等地方，均應停止文武考試五年。著各該省督撫、學政，遵照辦理，出示曉諭。欽此。

附件九：光緒帝命令那桐赴日道歉的旨意

五月初三日接準西安軍機處東電內開：奉旨：「戶部右侍郎那桐著賞給頭品頂戴，授為專使大臣，前往大日本國敬謹將命。欽此。」應照會貴大臣，請煩查照，須至照會者。光緒二十七年五月初四日

附件十：被損外國墳墓單

京都左近被污瀆之諸國墳塋清單： 英國墳塋一處，法國墳塋五處，俄國墳塋一處，共計七處。

附件十一：光緒帝命令禁止進口軍火的旨意

七月十二日奉上渝：各省將軍、督撫暨各關監督，先於兩年內，將所有外洋軍火及專為製造軍火器料，一概不准販運進口，該部知道。欽此。

附件十二：中國對各國承認戰爭賠償的照會

為照覆事：四月初七日準貴大臣照會內開：「西曆本年五月初七日，即中曆三月十九日，照會貴王大臣以賠款一事，各國所出款項及公私各虧，結至西曆本年七月初一日，即中曆五月十六日，共約計銀數在四百五十兆兩上下等語在案。旋準覆文內稱：中國國家擬按月攤還一百二十五萬兩，將此四百五十兆之數歸清等因。諸國全權大臣已將此節詳達各本國政府查照矣。惟中國國家所擬按月攤還之總數，不過僅足賠款之本而已，並未算及利息，是以應請貴王大臣，再行酌核，本領銜大臣相應文請貴王大臣將中國國家於此事主見，從速示覆可也。」等因准此。查賠款一事，業於前次照會中將中國艱窘情形布達。茲準來文，以所擬每年付銀一千五百萬兩，三十年攤完，僅足賠款之本，詢及利息一節，如何主見，本王大臣擬按週年四釐加息，已經電奏；奉旨，「各國償款四百五十兆四釐息，應准照辦。欽此。」謹應欽遵知照。惟中國財力過於短絀，所能籌撥者，仍只每年一千五百萬兩之專款，既於本銀外須付利息，只得將三十年之限，寬展其期，上半期每年所付之一千五百萬兩，作為還本，下半期每年所付之一千五百萬兩，作為付利，俟付足日停止。付款之事，仍由稅務司經理。其付利一層，應按照上年還本若干，次年減利若干核算。可否如此分期還本付利，抑或於每年一千五百萬內將若干分為還本，若干分為付利，一切詳細辦法尚須妥議商定。再中國既允如數歸本，復允加利，則賠款一事，可謂已經實在，各國撤兵之期，務望早日示知，不勝企望之至。理合備文照覆貴大臣，迅速轉知諸國全權大臣查照。須至照覆者。

右照會

大日國欽差領銜全權大臣葛

光緒二十七年四月十二日

附件十三：同上

附件十四：使館界線說帖

1字處，在城牆上正陽門樓東一百英尺，自此處界線往北，稍偏二百十六英尺，至3字處。

2字處，在大清門前周棋盤街白石欄東南角，自此界線順石欄東面往北，稍偏三百十英尺，至3字處。

3字處，在東交民巷北界線相交處，自此界線循東交民巷北牆根六百四十一英尺半，至4字處。

4字處，在兵部街西一百四十六英尺（係隨東交民巷北邊而量），自此界線往北，或循房式凸凹而畫，無房處或取直而畫，計長二千一百五十二英尺，其線與兵部街並列，北首距皇城外牆對兵部街柵欄門西一百五十七英尺，至5字處。

5字處，在皇城外牆南面距對兵部街柵欄門西一百五十七英尺，自此界線順皇牆往東一千二百八十八英尺，至6字處。

6字處，在皇城外牆東南角，自此界線循皇城往北二百十八英尺，至7字處。

7字處，在皇城外牆與皇城相交處，自此界線順皇城往東六百八十一英尺，至8字處。

8字處，在皇城東南角，自此界線順皇城往北六十五英尺，至9字處。

9字處，在距皇城東南角北六十五英尺，自此界線直往正東四千零十英尺，至10字處。

10字處，在崇文門大街路西，距與長安街相交處北三百英尺，自此界線往南順大街西，至11字處。

11字處，在城牆上即係崇文門西北角，自此界線順城牆往西門，西馬道在內，至12字處。

12字處，在城牆上距崇文門樓西一百英尺，自此界線按圖上所畫之線順城牆南面，城垛亦在內，至1字處。

附件十五：光緒帝禁止抗外行動的旨意

上諭：各省匪徒借滅洋爲名，糾眾立會，攻擊各國人民，迭經降旨嚴禁，不啻三令五申，乃近年山東各屬，竟有大刀會、義和拳等名目，到處傳習，肆行殺掠，蔓延直境，闌入京師，以致焚毀教堂、各國人民各項房產等業，圍攻使館，開罪鄰邦，貽誤大局。朕以保護未至，負疚滋深，爾百姓平日食毛踐土，具受國恩，乃敢逞其好勇鬥狠之私，習爲符咒邪妄之術，拒捕戕官，殺害各國人民，肆無忌憚，遂爾肇此奇禍，上貽君父之憂，追念之餘，尤深痛恨。業經嚴飭各路統兵大臣，實力剿辦，務淨根株，並將縱庇義和拳之王大臣，各照應得之罪，分別輕重，盡法嚴懲，殺害凌虐各國人民之城鎮，概停文武各項考試五年，以示懲儆。惟恐鄉僻愚民，尚未周知，特再嚴行申禁，以免不教而誅。爾軍民人等須知結黨入會，例禁綦嚴，列朝辦理會匪之案，從未稍寬。況各國皆屬友邦，教民亦係赤子，朝廷一視同仁，毫無歧視。無論民、教，即或果有被欺情事，亦應呈報官司，聽候持平判斷，何得輕聽謠傳，藐視刑章，逮事敗之後，黠者遠揚，懦者受戮，法所難容，情實可憫。自此次嚴諭之後，各宜悔悟自新，痛改舊習。如再有怙惡不悛之徒，私立、擅入仇視各國人民各會，持械格鬥，公然劫掠，將首從各犯，嚴密查拿，盡法懲治，決不寬貸。各省將軍、督撫大吏，均有牧民之責，務各嚴飭所屬，剴切曉諭，並將此次諭旨，刊刻謄黃，遍行張貼，務使家喻戶曉，勉爲善民，以無負朝廷諄諄誥誡，辟以止辟之至意。將此通諭知之，欽此。

附件十六：同上

上諭：中外訂約以來，各國人民准入內地，載在條約。朝廷慎固邦交，迭經諭飭各省，實力保護。乃地方官漫不經心，以致匪徒肆行，滋擾傷害各國人民之案，層見迭出。朕惟薄德，無以化導愚民，良深引疚，而地方各官，平日於洋務不知講求，於交涉罔知大體，以至燎原引火，貽害君國，撫心自問，當亦難安。自今以往，其各振刷精神，捐除成見。須知修好睦鄰，古今通義，遠人來華，或通商以懋遷有無，或遊歷以增長學識，即傳教之士，亦以勸人行善爲本，梯山航海，備極艱辛。我中國既稱禮義之邦，宜盡賓主之誼，況近年華民出洋者，不下數十萬人，身家財產，悉賴各國保全，即以報施而論，亦豈得稍存歧視。著再責成各直省文武大吏，通飭所屬，遇有各國官民入境，務須切實照料保護。倘有不逞之徒，凌虐戕害各國人民，立即馳往彈壓，獲犯懲辦，不得稍涉玩延。如或漫無覺察，甚至有意縱容，釀成巨案，或另有違約之行，不即立時彈壓，犯事之人，不立行懲辦，各該管督撫、文武大吏及地方有司各官，一概革職，永不敘用，不准投效他省，希圖開復，亦不得別給獎敘。並將此次諭旨，一併刊布，出示曉諭，以期官民交警，永革澆風。欽此。

附件十七：中國改善水路河道的計劃（光緒帝設立黃埔河道的旨意）

第一條 現於上海設立修治黃浦河道局。

第二條 該局責任有二：一系舉辦整理改善河道之工，一系經管河道。

第三條 該局管轄之境，自江南製造總局之下界向港口（其名爲灤華港）作一直線，自該線起至揚子江中紅色浮標處爲止。

第四條 該局應任之員開列於後：甲、上海道；乙、海關稅務司；丙、各國領事中公舉二員；丁、上海通商總局中由董事公舉二員；戊、由各行船公司在上海、吳淞或黃浦之各他口岸所有每年進出口船隻噸數逾五萬之各行商公舉二員，以保行船行商利益；己、公共租界工部局一員；庚、法國租界工部局一員；辛、各國在滬及吳淞並黃浦之各他口岸如每年進出船隻噸數逾二十萬噸者，由該國國家特派一員。

第五條 所有因居官職應任之員，當按照居此官職之時，即供該局之任。

第六條 各工部局及通商總局所舉之員，在局期限一年，期滿者，亦可立即公舉續充。按第四條辛字各該國所派之員，在局亦期限一年。其餘各員，期限均係三年，限滿者，亦可立即公舉續充。

第七條 期限之內如有開缺，接任者即照其班供職一年或三年。

第八條 由該局員中公舉督辦一員及幫辦一員，期限皆係一年。公舉督辦之時，如投名無較多之數，即請中國領事中之領銜者入名，以成較多之數。

第九條 凡督辦不在座，幫辦即代之，若均不在座，由各在座之員公推一位，作爲此次督辦。

第十條 凡該局會議時，如值投名適均，則任由督辦列名，以成其事。

第十一條 至少非有四員，該局不能會議事件。

第十二條 該局應用之員差，均可隨意聘請，以爲修辦工築及施行一切章程，其薪水、工資、貼費均由該局指定數目，由進款內給發。章程及員差一切事務，均由該局自行辦理。員差亦由該局任便辭退。

第十三條 所有經理行船應置各節，由該局立定，河內所設停泊船隻器具，並整理停船在第三條所述限內以及各水道，如吳淞江並過上海法國租界或公共租界或吳淞洋界各港，此外入河之各他港，自港口往上二英邁勒之遠，均在應置各節之內。

第十四條 凡人於河內所設停船器具，該局皆有取獲之權，另設公共停船器具之法。

第十五條 第十三條所述河內所有挖河、修築碼頭等工，以及各浮碼頭、浮房，應由該局允准，方能修建，該局亦可隨意不允。

第十六條 凡除去河內及以上所述各港阻隔之事，並去阻各費，隨事向責成之人索取，該局皆有全權。

第十七條 第十三條所述之河港內所有浮燈、浮標、標記、標燈以及地上設立保護船隻安行河道之具，除燈樓之外，均由該局任便安置，燈樓仍按一千八百五十八年中英天津條約第三十二款辦理。

第十八條 所有改善及保全黃浦各工，統由該局工程司管理，如因其工應在轄界之處興作，亦一律辦理。惟應飭行之處，當由中國官員轉布，所飭之事，亦當由中國官員允准，方可照辦。

第十九條 興工所籌之款，全由該局出入，追課及施行章程各事，亦由該局會同應管之官，設法辦理。

第二十條 海口理船長及其所用之人，均由該局揀派，理船長事務，於第十三條內所述之河，亦在該局所有權柄之內舉辦。

第二十一條 該局有整頓巡查一切事務之權，以期確照章程及飭令而行。

第二十二條 上海引水一切事務（即下揚子江引水），由該局經管，前往上海船隻所用引水人之執照，只能由該局任便發給。

第二十三條 凡違章者，如係外國人民，該局即向該國領事或應管之法律官員控告；中國人民及無欽差領事駐中國之人，在會審衙門控告，審訊時，必須外國官員在旁觀審。

第二十四條 凡控該局者，即向上海各國領事公堂投告。凡涉訟之事，均係該局總辦代爲就審。

第二十五條 該局各員及所用之人，因投名議定之事及所辦事件，並已定合同或議定之出款等事，其係按照該局或所屬各司之權柄號令而行，及有關詳辦施行該局所發章程者，各該本人並不擔責。

第二十六條 除第十三條所述行船應置各節外，應定章程及違章罰款，如在權力之內，均可由該局宣佈。

第二十七條 第二十六條所述之章程，應呈請各國領事官允准，如章程稿底吳交兩個月後，各國領事並無阻止或擬改之處，其稿即當作准，亦可照辦。

第二十八條 凡改善保全黃浦各工所應用之地，該局有取捨之權。如照此議酌有地段益於採用，即按上海洋涇浜北公共租界地產章程第六條甲字辦理。地價即由業主本國之官及該局並領銜領事各舉一人斷定。

第二十九條 河岸地段前，如因改善河道之工，增加淤灘，應先由各該地主願否買用，地價按第二十八條所述由舉派人斷定。

第三十條 該局進款開列於後：

甲、法國租界及公共租界各地產，無論有無房間，按估價每年值千抽一。

乙、黃浦兩岸，自江南製造總局之下界向港口（其名爲灤華港）作一直線，自該線起至黃浦入揚子江處爲止之各地產，亦按甲字徵抽。此地估價，亦按第二十八條所述由舉派人斷定。

丙、非中國式樣船隻，數逾一百五十噸者，進出上海、吳淞及黃浦之各地口岸，均按每噸抽鈔銀五分。非中國式樣船隻，自一百五十噸以下者，抽以上所言之鈔銀四分之一。每船無論進出若干次，均每四個月抽收一次。非中國式樣之船，在揚子江中行駛，專爲領取江照行至吳淞者，免抽以上所言之鈔課，惟來往之時，不得在吳淞有商賈之行，僅能取水購食而已。

丁、凡在上海、吳淞及黃浦之各他口岸報海關之貨，均按估價值千抽一。

戊、中國國家每年津貼該局之款，應與外國干涉者每年所付該局各款總數相同。

第三十一條 第三十條所述之各鈔課，應由後列之員轉徵：甲字課由各該工部局徵收：乙字課在中國駐有欽差領事之國民，由各該領事徵收；中國人民及在中國無欽差領事之國民，由上海道徵收；丙、丁兩字鈔課，由新海關徵收。

第三十二條 該局每年進款總數，付還興工借款本利及養已竣之工，並辦理一切事務諸費，有所不敷，則可將船鈔、地產，無論有無房間及商貨各餉課，一律均勻比增，以至足抵需用之數。其第三十條戊字中國國家津貼，亦一律比增。

第三十三條 凡應按照第三十二條有加增之情，當由該局先行知照南洋大臣、駐滬各國領事。此項加增，應俟駐滬各國領事允准，方能施行。

第三十四條 每年帳目算結後六個月內，應由該局將前十二個月內經管各事及進出各款，詳細呉報南洋大臣、各國駐滬領事。所報各節，即應印發通行。

第三十五條 所印發詳算之帳，查如進款有逾出款，則將第三十條所述各鈔課，均由各國駐滬領事會同河道局均勻比減。其第三十條戊字中國國家津貼，亦一律比減。

第三十六條 第一次三年期滿之後，各列名畫押之大臣，即會查此附件內應行更改之處更改，將來每屆三年，仍可照此會查更改。

第三十七條 在第十三條所述各界限內該局所行之章，如各國駐滬領事允准，則各國人民皆應遵行。

附件十八：中國對各國就設立外務部的照會

六月初九日上諭：從來設官分職，惟在因時制宜，現當重定和約之時，首以邦交為重，一切講信修睦，尤賴得人而理。從前設立總理各國事務衙門，辦理交涉，雖歷有年所，惟所派王大臣等，多係兼差，未能殫心職守，自應特設員缺，以專責成。總理各國事務衙門著改為外務部，班列六部之前，簡派和碩慶親王奕劻總理外務部事務。體仁閣大學士王文韶著授為會辦外務部大臣；工部尚書瞿鴻禨著調補外務部尚書，授為會辦大臣；太僕寺卿徐壽朋、候補三四品京堂聯芳，著補授外務部左、右侍郎。所有該部應設司員額缺、選補章程，各堂司、各官應如何優給俸糈之處，著政務處大臣會同吏部妥速覆議具奏。欽此。

附件十九：覲見禮節說帖

一、諸國使臣會同或單行覲見大清國大皇帝時，即在大內之乾清宮正殿。

二、諸國使臣覲見時來往乘轎至景運門外，在景運門換乘椅轎至乾清門階前，降輿步行至乾清宮大皇帝前，禮成後，諸國大臣一體回館。

三、每值使臣呈遞敕書或國書時，大皇帝必遣加用黃袢如親王所乘之綠轎到館，將使臣迎入大內，禮成後，仍一體送回，來往之時，必派兵隊前往使館迎送。

四、每值呈遞敕書或國書時，其書在使臣手內，必由大內之各中門走進，直到駕前，禮成後，即由已定諸國使臣覲見禮節所議各門而回。

五、使臣所遞敕書或國書，皇帝必親手接收。

六、如皇帝欲款宴諸國使臣，現已議明，應在大內之殿廷設備，皇帝亦躬親入座。

七、總之，無論如何，中國優禮諸國使臣，斷不至與彼此兩國平行體制有所不同。

參考書目

一、與薩道義相關的材料

1. 《薩道義 1861～1868 年日記》（未刊稿）*Ernest Satow's Diaries（1861～1868）*，日本埼玉縣女子短期大學教授宮澤眞一整理。
2. 《薩道義 1895～1900 年駐日公使期間的信函》*The correspondence of Sir Ernest Satow, British Minister in Japan, 1895～1900*, edited by Ian Ruxton, Lulu press.
3. 《薩道義 1900～1906 年駐華公使期間日記》*TheDiaries of Sir Ernest Satow, British Envoy in Peking (1900～06)*, Vol.1:1900-03, Vol.2:1904-06, edited and annotated by Ian C.Ruxton, Lulu Press, 2006.
4. 《薩道義 1895～1906 年間半官方信件》*The semi-official letters of British envoy Sir Ernest Satow from Japan and China (1895～1906)*, edited by Ian Ruxton, Lulu press, 2007.
5. George Alexander Lensen: *Korea and Manchuria Between Russia and Japan (1895～1904)——The Observation of Sir Ernest Satow (British Minister Plenipotentiary to Japan (1895～1900) and China (1900～1906)).*(Tokyo) Sophia University & the Diplomatic Press.1966 (reprinted in1968) .
6. *The diaries and letters of Sir Ernest Mason Satow (1843～1929), a scholar-diplomat in East Asia*, selected,edited and annotated by Ian C.Ruxton, the Edwin Mellen press.
7. （日）萩原延壽：《遠い涯——アネスト・サトウ日記抄 11》，（日本东京）朝日新闻社，2008 年。

二、中文檔案

1. 第一歷史檔案館編：《庚子事變清宮檔案彙編》，（北京）中國人民大學出版社，2003 年。
2. 王彥威、王亮編：《清季外交史料》，（臺北）文海出版社，1985 年版。

3. 《李鴻章全集》，（海口）海南出版社，1997年9月第1版，1999年9月第二次印刷。
4. 故宮博物院編：《清光緒朝中日交涉史料》，（臺北）文海出版社，1970年版。
5. 中國第一歷史檔案館、福建師範大學歷史系合編：《清末教案》（3、4），（北京）中華書局，1998年。
6. 陳旭麓、顧廷龍、王熙主編：《盛宣懷檔案資料選輯之七：義和團運動》，（上海）世紀出版集團、上海人民出版社，2001年6月第1版。
7.《英國藍皮書有關義和團運動資料選譯》，胡濱譯，（北京）中華書局，1980年。
8. 天津社科院歷史研究所編：《1901年美國對華外交檔案》，（濟南）齊魯書社，1984年。
9.《德國外交文件有關中國交涉史料選譯》，孫瑞芹譯，商務印書館，1960年版。
10. 陳霞飛主編：《中國海關密檔》第9冊，1896～1907，中華書局，1996年版。

三、英文檔案

1. *British Documents on Foreign Affairs:Reports and Papers From The Foreign Office Confidential. Print.* Part 1, (From the Mid-Nineteenth Century to the First World War). Series E (Asia,1860～1914), Volume 25, Suppression of Boxers and Negotiations for China Settlement, August 1900～October 1900, University publications of America.
2. *British documents on foreign affairs (Reports and papers from the foreign office confidential print).* part 1, Series E (Asia, 1860～1914), Volume 2 (Korea, the Ryukyu Islands, and the North-East Asia, 1875～1888), Maryland University Publications of America, 1993.

四、日文檔案

日本外務省：《日本外交文書》。

五、中文著作

1. 王芸生編著：《六十年來中國與日本》（八卷），（北京）生活・讀書・新知三聯書店，2005年7月出版。
2. （英）薩道義著，譚媛媛譯：《明治維新親歷記》，（上海）文匯出版社，2017年7月出版。
3. （英）楊國倫（Young, L. K.）著 劉存寬、張俊義譯：《英國對華政策1895～1902》，（北京）中國社會科學出版社，1991年。
4. 相藍欣：《義和團戰爭的起源》，（上海）華東師範大學出版社，2003年。
5. 周錫瑞：《義和團運動的起源》，（南京）江蘇人民出版社，1995年。

6. （蘇）納羅奇尼茨基、古貝爾、斯拉德科夫斯基、布爾林加斯 著，北京外國語學院俄語系首屆工農兵學員譯：《遠東國際關係史》，第一冊（從十六世紀末至 1917 年），（北京）商務印書館，1976 年。
7. （蘇）鮑・亞・羅曼諾夫著，上海人民出版社編譯室俄文組譯：《日俄戰爭外交史綱（1895～1907）》（上下），（上海）上海人民出版社，1976 年 4 月第 1 版。
8. （日）佐藤公彥著，宋軍、彭曦譯：《義和團的起源及其運動》，中國社會科學出版社，2007。
9. 王美秀、段琦、文庸、樂峰等著：《基督教史》，（南京）江蘇人民出版社，2006 年第一版，2011 年第 6 次印刷。
10. （英）赫德著，葉鳳美譯：《這些從秦國來——中國問題論集》，（天津）天津古籍出版社，2005 年 1 月第一版。
11.倪瑞英、趙克立、趙善繼譯：《八國聯軍佔領實錄——天津臨時政府會議紀要①②》，（天津）天津社會科學院出版社，2004 年 12 月第 1 版。
12. （德）狄德滿著，崔華傑譯：《華北的暴力和恐慌——義和團運動前夕基督教傳播和社會衝突》，（南京）江蘇人民出版社，2011 年 11 月第 1 版。
13. 桑兵著：《庚子勤王與晚清政局》（第二版），（北京）北京大學出版社，2015 年 1 月第 2 版，2015 年 1 月第 1 次印刷。
14. 王宏斌著：《赫德爵士傳》，文化藝術出版社，2012 年 1 月第 1 版。
15. 宓汝成：《帝國主義與中國鐵路》，（北京）經濟管理出版社，2007 年。
16. 李德徵：《八國聯軍侵華史》，（濟南）山東大學出版社，1990 年。

六、日文著作

1. 宮澤眞一：《波うちぎわの Satsuma 奇譚》，（日本鹿儿岛）高城書房，2009 年。

七、英文著作

1. *The D'anethan dispatches from Japan, 1894～1910: The observations of Baron Albert d'anethan, Belgian Minister Plenipotentiary*, selected and edited with a hitorical introduction by George Alexander Lensen, published by The Diplomatic Press (Tallahassef, Florida)
2. *The Anglo- Japanese alliance, 1902～1922*, edited by Phillips Payson O'Brien. published by Routledge Curzon Press, 2004.
3. *The Anglo-Japanese alliance,* by Alfred L. P. Dennis. Berkeley, Calif. University of California press, 1923.
4. *China, the United States, and the Anglo-Japanese alliance*, by G.Zay Wood ... New York; Chicago: Fleming H. Revell Co., 1921;
5. *The Anglo-Japanese Alliance.TheDiplomacy of Two Island Empires, 1894～1907*, by *Ian H.Nish, The Athlone Press Ltd., Dover, New Hampshire, 1966.*
6. *History of the English Factory at Hirado (1613～1622), with an Introductory*

Chapter on the Origin of English Enterprise in the Far East, Dr.Ludwig Riess.
7. Hugh Cortazzi: *Mitford's Japan:Memories & Recollections, 1866～1906*, (new edition), Japan Library, first published 2002 .
8. Hugh Cortazzi: *Dr.Willis in Japan, 1862～1887: British Medical Poineer*, The Athlone Press, London and Dover, New Hampshire, 1985.
9. Engelbert Kaempfer: *Kaempfer's Japan: Tokugawa Culture Observed,* translated and annotated by Beatrice M.Bodart-Bailey, University of Havwai'I Press.
10. Conald D.Totman: *Politics in the Tokugawa Bakufu, 1602～1843*, Harvard University Press.
11. P. D. Coates: *The China Cousuls——British Consular Officers (1843～1943),* Oxford University Press, 1988.

八、中文論文

1. 魏宏運、王黎：《沙俄是八國聯軍侵華的元兇》，載《南開學報》，1980 年第 4 期。
2. 杜春和：《從〈榮祿存札〉看〈辛丑條約〉的簽訂》，載《歷史檔案》，1984 年第 4 期。
3. 廖菲：《八國聯軍設立的天津都統衙門》，載《歷史教學》，1984 年第 6 期。
4. 劉恩格、邢麗雅：《八國聯軍入侵後的反洋教鬥爭》，載《北方論叢》，1988 年第 1 期。
5. 李雲飛：《也評反對八國聯軍戰爭中的主和派與主戰派》，載《江海學刊》，1990 年第 2 期。
6. 張海鵬：《試論辛丑議和中有關國際法的幾個問題》，載《近代史研究》，1990 年第 6 期。
7. 蘇衛智：《八國聯軍沒有始終如一的主謀》，載《文史哲》，1991 年第 1 期；《八國聯軍統帥及各國司令官史實補正》，載《河北大學學報》，1997 年第 1 期。
8. 李岫：《〈辛丑條約〉與晚清外使覲見》，載《北方論叢》，1991 年第 2 期。
9. 趙春晨：《論八國聯軍侵華戰爭的若干特點》，載《歷史教學》，1997 年第 2 期。
10. 柳茂坤：《抗擊八國聯軍侵華的歷史啓示》，載《軍事歷史》，2000 年第 4 期。
11. 林華國：《有關八國聯軍戰爭的幾個問題》，載《清史研究》，2000 年第 4 期。
12. 胡濱：《義和團運動期間帝國主義列強在華的矛盾和鬥爭》，載《山東師院學報》，1980 年第 5 期。
13. 張玉芬：《論義和團運動時期帝國主義的對華政策》，載《遼寧師院學報》，

1983 年第 4 期。
14. 崔丕：《義和團運動前後帝國主義列強侵華政策的再認識》，載《東北師大學報》，1985 年第 6 期。
15. 李宏生：《義和團運動與國際公正輿論》，載《山東師大學報》，1992 年第 1 期。
16. 王魁喜：《義和團運動時期日本的侵華政策》，載《東北師大學報》，1987 年第 2 期。
17. 節傳：《俄國對義和團的初期政策》，載《河北師範大學學報》，1988 年第 4 期。
18. 董志勇：《甲午戰後十年清政府的對俄政策》，載《西北歷史資料》，1981 年第 2 期。
19. 宋秀元：《義和團時期沙俄對我國東三省的侵略》，載《歷史檔案》，1982 年第 2 期。
20. 丁名楠：《德國與義和團運動》，載《近代史研究》，1990 年第 6 期。
21. 夏保成：《義和團與美國對華政策》，載《吉林大學學報》，1992 年第 3 期。
22. 王曉青：《義和團運動時期美國對華政策新探》，載《歷史教學》，1993 年第 1 期。
23.（韓）金希教：《義和團運動與美國對華政策》，載《近代史研究》，1998 年第 4 期。
24. 劉志義：《論義和團時期英國的對華政策》，載《東嶽論叢》，1994 年第 3 期。
25. 葛夫平：《論義和團運動時期的法國對華外交》，載《近代史研究》，2000 年第 2 期。
26. 林華國：《庚子宣戰與「假照會」關係考辯》，載《北京大學學報》，1987 年第 2 期。
27. 劉聖宜：《淺論庚子事變肇禍諸臣》，載《華南師範大學學報》，1987 年第 3 期。
28. 歐陽躍峰：《清朝頑固派與義和團運動的興起》，載《安徽師大學報》，1987 年第 4 期。
29. 安靜波：《也評庚子宣戰》，載《湘潭大學學報》，1990 年第 1 期。
30. 郭衛東：《「乙亥建儲」若干問題考析》，載《浙江學刊》，1990 年第 5 期。
31. 李德徵：《清政府在義和團時期的人事變動》，載《近代史研究》，1991 年第 2 期。
32. 黎人凱、邊翠麗：《義和團運動興起發展時期的直隸地方官》，載《河北大學學報》，1993 年第 1 期。
33. 邊翠麗：《義和團運動後期的直隸地方官》，載《河北大學學報》，1999 年第 1 期；《義和團運動高潮時期的直隸地方官》，載《歷史教學》，1999 年第 4 期。

34. 俞大華：《東直督撫與義和團運動的興起》，載《清史研究》，2000 年第 4 期。
35. 中國第一歷史檔案館，方裕謹編選：《八國聯軍在北京搶掠損毀情形史料選》，載《歷史檔案》1996 年第 3 期。
36. 寧剛：《「克林德牌坊」銘文考》，載《北京社會科學》，1997 年第 3 期。
37. 孔祥吉：《德國檔案中有關義和團的新鮮史料》，載《清史研究》，2000 年第 4 期。
38. 孫石月：《宗教和義和團運動》，載《山西師院學報》，1980 年第 4 期、1981 年第 1 期。
39. 張九洲：《試談義和團與宗教迷信》，載《史學月刊》，1981 年第 1 期。
40. 程歗：《民間宗教與義和團揭帖》，載《歷史研究》，1983 年第 2 期。
41. 路遙：《冠縣梨園屯教案與義和拳運動》，載《歷史研究》，1986 年第 5 期。
42. 張守常：《梨園屯教案和義和團運動》，載《河北師院學報》，1987 年第 1 期、第 2 期。
43. 程爲坤：《義和團運動後的教案和清政府的對策》，載《貴州文史叢刊》，1987 年第 2 期。
44. 馮士缽：《十九世紀中國教案——義和團研究中一些新的探索》，載《歷史教學》，1988 年第 2 期。
45. 胡繩武、程爲坤：《義和團運動後的官紳與教案》，載《史學集刊》，1989 年第 1 期。
46. 劉恩格、邢麗雅：《論義和團運動與反洋教鬥爭的關係》，載《齊齊哈爾師範學院學報》，1989 年第 1 期。
47. 邵雍：《義和團運動後會黨的反洋教鬥爭》，載《歷史教學》，1989 年第 6 期。
48. 劉泱泱：《義和團運動時期的湖南衡州教案》，載《求索》，1991 年第 1 期。
49. 戚其章：《近代教案與義和拳運動的興起》，載《貴州社會科學》，1991 年第 4 期。
50. 李性忠：《對海門教案几個問題的探討》，載《浙江學刊》，1994 年第 2 期。
51. 孫長來：《反洋教鬥爭和義和團運動關係略論》，載《社會科學輯刊》，1996 年第 3 期。
52. 趙樹好：《義和團運動後教案特點的量化分析》，載《河南大學學報》，1998 年第 6 期。
53. 戴海斌《〈辛丑條約〉議定過程中的一個關節問題——從「懲董」交涉看清政府內部多種力量的互動》（載《北方民族大學學報（哲學社會科學版）》2012 年第 1 期）；《〈辛丑條約〉談判前後的中方「全權」問題》（載《歷史研究》2018 年第 4 期）；《庚子事變期間的「南」與「北」——從南北

函電往來看奕劻、榮祿的政治作用》（載《歷史教學問題》2018 年第 1 期）。
54. 陳忠海《〈辛丑條約〉爲何不再提通商口岸？》（載《中國發展觀察》2018 年第 6 期）。
55. 王剛《從樞臣、全權大臣、東南督撫的互動看〈辛丑條約〉的形成》（載《歷史教學（下半月刊）》2017 年第 11 期）。
56. 張建斌《庚子賠款中央與地方爭論補議》（載《中國經濟史研究》2018 年第 3 期）。
57. 朱英、唐論《奕劻與庚辛議和》（載《史學集刊》2017 年第 5 期）。
58. 徐鋒華《中外激蕩下李鴻章的北上心態與庚子政情》（載《社會科學》2016 年第 12 期）。
59. 董叢林《「東南互保」相關事局論斷》（載《晉陽學刊》2018 年第 2 期）
60. 易惠莉《晚清日本外交官在華的多方活動（1898～1901)——小田切萬壽之助致盛宣懷函解讀》（載《近代中國》2012 年第 1 期）。
61. 韓策《行在朝廷·全權大臣·東南督撫：辛丑議和與清廷「三角政治」》（載《國家人文歷史》2016 年第 11 期）。
62. 嚴永曄《論李鴻章的外交思想》（載《開封教育學院學報》2018 年第 8 期）。
63. 呂曉青、艾虹《度勢量力：〈辛丑條約〉談判前李鴻章心路歷程研究》（載《唐山師範學院學報》2014 年第 6 期）。
64. 馬勇《由內政而外交：重評義和團戰爭的一個視角》（載《社會科學論壇》2013 年第 6 期）。
65. 劉永峰：《〈辛丑條約〉是如何被廢除的》（載《晚報文萃》2016 年 5 月 15 日）
66. 王生：《〈辛丑條約〉爲何沒有「割地」和「開闢商埠」的規定》（載《中學文科》2002 年 12 月第 12 期）
67. 周仁灝：《〈辛丑條約〉是怎樣簽訂的？》（載《歷史教學》1985 年 5 月 31 日）
68. 沈天仁：《「庚子賠款」——一次駭人聽聞的勒索》（載《中學文科參考資料》1997 年 9 月 15 日）
69. 史海威、王榮憂《〈辛丑條約〉爲何沒有割地的條款》（載《文史天地》2009 年 1 月）
70. 張曉宇：《庚子事變後「懲凶」問題的國際法分析》（載《暨南學報（哲學社會科學版）》2015 月 21 日）
71. 張茜茜：《1899～1901 年英國對華政策》（安徽大學碩士論文，2014 年）
72. 王培潔：《北京與〈辛丑條約〉》（載《蒼生文學》2013 年第 1 期，總第 91 期）
73. 薛理勇：《〈辛丑條約〉與上海濬浦局》（載《上海：海與城的交融》，2012 年 8 月 22 日）

74. 邊文鋒：《薩道義與〈辛丑條約〉談判中取消北京會試的問題》（載《北京社會科學》2012 年第 3 期）
75. 張華：《庚子賠款在山東》（載《山東省農業管理幹部學院學報》2005 年 8 月）
76. 郭大松、劉本森：《袁世凱與山東義和團》（載《山東師範大學學報（人文社會科學版）2010 年 55（2）》）
77. 李文海、朱滸：《義和團運動時期江南紳商對戰爭難民的社會救助》（載《清史研究》2004 年第 2 期）
78. 高慶吉：《「天津之戰」後〈辛丑條約〉中爲何沒有割地條款》（載《天津政協》2015 年 9 月 15 日）
79. 王守謙、張明水：《赫德：〈辛丑條約〉簽訂的幕後操刀手》（載《尋根》2012 年 12 月 10 日）
80. 吳劍傑：《張之洞與〈辛丑條約〉簽訂後的商約談判——以「裁釐加稅」爲例》（載《中國經濟與社會史評論》2012 年第 1 期）
81. 李欣霏：《李鴻章在〈辛丑條約〉談判前滯留在滬原因初探》（載《長春師範學院學報》2004 年第 23 卷第 5 期）
82. 鍾康模：《張之洞在〈辛丑條約〉開議前後的言行評析》（載《歷史教學》1987 年 5 月 1 日）
83. 雷瑤：《庚辛議和中的大吏因應（1900.7～1901.9）》（東華大學碩士論文，2010 年 12 月）
84. 方勇《〈辛丑條約〉：美國與七國對抗要求減少賠款》（載《科學大觀園》2010 年 3 月）
85. 方勇：《美國與〈辛丑條約〉談判》（載《文史精華》2008 年 4 月）
86. 李永勝：《論清末中外修訂商約交涉的歷史地位——清末新訂商約：中外條約的轉折點》（載《近代史學刊》2007 年 12 月）
87. 涂俊才：《庚子賠款與中國教育》（載《華中農業大學學報（社會科學版）》2005 年第 4 期，總第 58 期）
88. 黄文德：《北京外交團的發展及其以條約利益爲主體的運作》（載《歷史研究》2005 年第 3 期）
89. 宋小慶：《世紀之變 滄海桑田——寫於〈辛丑條約〉簽訂 100 週年》（載《求是》2001 年 9 月 16 日）
90. 張宏毅：《國將不國，人權安在？！——百年前〈辛丑條約〉的警示》（載《人權》2001 年 6 月 15 日）
91. 劉宏：《清廷守舊派對義和團迷信的認可與利用》（載《河北學刊》2012 年第 1 期）
92. 劉芳：《核心與外圍：「東南互保」的範圍探析》（載《江蘇社會科學》2016 年第 4 期）
93. 羅志田：《社會分野與思想競爭》（載《清史研究》2002 年第 1 期）
94. 楊上元、蓋翠傑：《〈庚子紀聞〉作者考辯》（載《近代史研究》2016 年

第 4 期）
95. 蔡晨：《1900 年清政府圍攻東交民巷使館事件》（載《北京檔案》2018 年第 5 期）
96. 劉天路、蘇衛智：《50 年來義和團研究述評》（載《文史哲》2003 年第 6 期）
97. 王學典：《語境、政治和歷史：義和團運動評價 50 年》（載《史學月刊》2001 年第 3 期）
98. 程歗、趙樹好：《義和團百年研究回眸》（載《教學與研究》2000 年第 5 期）
99. 陶飛亞、趙美慶：《義和團運動與義和團戰爭學術論證會綜述》（載《上海大學學報（社會科學版）2009 年第 4 期》）
100. 江天岳：《英、法艦隊與清末變局——以對義和團運動和辛亥革命的干預爲例》（載《江海學刊》2016 年第 3 期）
101. 牛敬忠：《近代綏遠地區的民教衝突——也說義和團運動爆發的原因》（載《內蒙古大學學報（人文社會科學版）》2001 年第 4 期）
102. 楊宏浩：《試析 19 世紀末帝國主義列強侵華方式和類型》（載《攀枝花學院學報》2012 年 8 月 15 日）
103. 陳少英：《「八國聯軍」侵華戰爭與〈辛丑條約〉——中國近代國恥備忘錄之八》（載《中華魂》2002 年 12 月）
104. 吳文燦：《義和團運動時，攻陷北京的是英美德日法俄奧意八國，爲什麼以後簽訂辛丑條約時又加上比西荷三國？它們根據什麼理由也來中國分髒？》（載《史學月刊》1957 年 1 月 21 日）

九、英文報刊

1. 紐約時報 *New York Times*
2. 泰晤士報 *The Times*

十、辭典

1.（日）武内博 编著：《来日西洋人名事典》，日外アソシエ-ツ，1995 年。

後記

（一）

望著自己手頭上這本不太厚的論文，雖心有千言，但我卻難以用言語表達！

終於要離開燕園了，這是我以前一直期盼的事，但當這一天真正來臨時，我卻表現得那樣地不捨。我不願意走，不願意離開這裡的一山一水，一草一木，也不願意離開這裡敬業且博學的授業諸師，不願意離開和藹可親的樓長們和食堂裏的師傅們，也不願意離開這裡耐心和熱情服務的圖書館工作人員。

原以爲，我是沒有精神家園的孤兒，注定要孤獨漂泊！我上小學的學校早就因適齡兒童鋭減而關閉了，我上的高中學校也從江西省峽江縣的老縣城搬到新縣城了，我的高中生活不快樂！我本科上的南昌大學也早就從青山湖校區搬到新校區了，我的大學生活也不快樂！在中國人民大學清史所攻讀碩士學位期間，我也不快樂，我歷經爺爺去世、考博失敗、延期畢業和艱難謀生的諸多痛苦！生存環境讓我明白了很多道理！

然而，在我最艱難時，北大用她博大的胸懷收容了我，讓我從此不再漂泊和孤獨，讓我有了家的感覺！在這裡，我收穫了知識、友誼、磨練和愛情！

正是由於北大給予我的恩情，五年來，我一直擔任歷史系 07 級博士班班長，志願爲大家服務，期間，雖然有同學之間誤會和爭吵，也佔據了很多寶貴科研時間，但也收穫了大家的信任和支持，能力也得到鍛鍊。我無悔當年對大家的承諾！

北大求學生涯極大開拓了我的視野，我流連於豐富多彩的名家學者的講座，用我那不太標準的漢語和英語發言。我學習了日語和俄語，也得以獨立承擔北大教育基金會韓國學研究獎學金項目和日本笹川良一優秀青年獎學基金研究項目，也得以前往日本關西大學和俄羅斯聖彼得堡大學訪學，這都爲我以後科研和工作奠定了堅實基礎。

臨畢業之際，我最想感謝的是導師王曉秋教授及師母郭曉非女士。五年裏，導師和師母待我及其他同門就像是自己的孩子似的，悉心指導我們的學業、關心我們的成長，同時也包容著我們的任性和幼稚。初入北大時，我因爲家庭困難而產生情緒波動，導師和師母一直都非常關心我的家庭狀況，替我分擔憂愁；當我因爲學業不順時，是導師把我叫到家裏悉心開導，甚至給我做餛飩吃，雖然我沒有吃飽，但是讓我非常感動；五年裏，我有兩年沒有回家過年，導師和師母都叫我去他們家和他們一起過除夕；五年裏，有多少次課後，我陪著導師邊走邊聊學業上的事情，直到把老師送回藍旗營的家才告別；五年裏，我也讓導師操了很多心，生了不少氣，老師甚至因爲我與外教之間的誤會而向別人道歉，雖然事後證明是外教誤會了我；爲了我能出國訪學，老師多方聯繫，大力協助；老師還多幫我聯繫論文發表事宜，使我得以順利畢業。在論文最後撰寫階段，老師也是不辭辛勞地爲我修改論文，從字、詞、句到論文結構布局，無一不是凝聚了老師的心血，忘不了導師早上六點多鐘就起來給我改論文的情景！一日爲師，終生爲父！每當想起這些，我的眼眶中不由地噙滿了淚水。今年是導師的七十大壽，衷心地祝願老師和師母身體健康，萬事如意！

在這裡，我還要衷心感謝在過去的歲月裏給予我支持和幫助的老師和朋友們！感謝我在人大清史所時的碩士導師潘嚮明教授，潘老師爲人耿直，學問淵博，與世無爭，眞可謂「學爲人師，行爲世範」！2004 年研究生面試時，正是潘老師拍板決定收我爲徒，我這個雖沒有多少史學基礎但有滿腔治學熱情的毛頭小夥從此得以步入神聖的史學研究殿堂。求學期間，我也讓潘老師操了不少心！

感謝中國人民大學哲學院林美茂教授、中國政法大學法制史研究院副院長林乾教授、中國社科院歷史所研究員宋元強先生、清華大學馬克思主義學院蔡樂蘇教授、中國政法大學歷史研究所教授郭世祐教授、北京大學歷史系徐勇教授、高岱教授、臧運祜教授、歐陽哲生教授、郭衛東教授、尙小明教授、王紅生教授、張雄教授等，也感謝日本關西大學陶德民教授、日本琦玉縣女子短期大學宮澤眞一教授、日本大學教授井上桂子等對我的悉心指導和大力支持，同時也感謝那些匿名評審的專家學者對我論文所提的意見和建議！

感謝《北京社會科學》與《日本學刊》的編輯老師對我的提攜與幫助，更要感謝同門竇坤師姐對我的關懷與照顧。

還感謝歷史系從事學生工作的各位老師和教務們對我的關心和照顧。馬春英老師、劉隱霞老師、孟愛華老師、衛茗老師、賈彥敏老師……名字不一而足，但都代表著我對你們的謝意。

感謝與我朝夕相處的 07 級博士班的同學，陳勇、劉江、田武雄、曹流、陸青松、蔡萌、倪玉珍……等同學，記住我們是永遠的同學！

最後，感謝這一年多以來一直陪伴我成長的徐丹丹，你的包容和理解讓我心情不再浮躁，你的鼓勵和支持讓我有勇氣面對一切生活和學業上的困難，你的博學和睿智讓我能力得到很大提升。你是我一生最大的財富，遇到你是我一生的幸福。我相信，有你的支持和相伴，我能作出更精彩的人生詩篇！

2012 年 6 月寫於北大博士畢業時

（二）

爲了眞實記錄自己博士畢業六年多的心路歷程，我覺得還是有必要原樣保留博士畢業時的後記，再續寫一些文字。

望著手頭上的這本書，我心裏依然感慨萬千。這是我的「孩子」，我有責任有義務要將她做得更漂亮，但遺憾永遠存在，也許「不完美」才是人類奮鬥的動力。眨眼間，從 2012 年 7 月博士畢業迄今已經六年多，期間經歷了太多事情，我結婚生女，爲了生活而奔波，爲了理想而奮鬥，始終忙忙碌碌。脫離了學術環境，想再踏實安靜地從事學術研究，對於我來說眞是太奢侈了。

我想起我當年在人大清史所讀研時的碩導潘向明教授。2013 年 9 月，潘老師因病不幸與世長辭，年僅 61 歲，對於人文學科領域的學者來說，這本是一個厚積薄發的大好年紀，但天不假年，眞是令人遺憾無比。

雖然我也曾有過很多理想，但在殘酷現實面前，人還是要學會妥協的。感謝北大求學時的博導王曉秋教授向出版社推薦我的博士論文，感謝臺灣花木蘭文化事業有限公司願意出版拙作並「容忍」我多次延期交稿，感謝日本埼玉縣女子短期大學宮澤眞一教授一再催問拙著何時出版，並多次向我提供珍貴資料。

尤其需要感謝家人對我的大力支持。感謝愛人徐丹丹在繁忙工作之餘既悉心照顧家人，又幫我修改論文。還要感謝閨女邊沐澤的陪伴和鼓勵，爸爸希望能和你共同成長，做個讓你驕傲的父親。如果不是你們，我可能無法在博士論文原有基礎上進行深化、修改和補充，拙著也就無法面世。

伴隨著本書的誕生，希望 2019 年能夠過得充實和精彩！

2018 年 11 月 5 日